IVONNE SENN

Treat Your Money Like Your Lover

ÜBER DIE AUTORIN:

Ivonne Senn ist Diplom-Betriebswirtin und seit 2010 MoneyCoach. Sie arbeitet mit Millionären und Minijobbern, Selbstständigen, Angestellten und Familien und hat selbst schon richtig viel und viel zu wenig verdient. In ihren Workshops, Seminaren und Einzelcoachings hört sie immer wieder den Satz »Ich kann einfach nicht mit Geld umgehen« – der nie stimmt. Hier erklärt sie, wie es gelingt, wenn man auf der richtigen Ebene ansetzt: bei sich selbst ...

IVONNE SENN

TREAT YOUR
money
LIKE YOUR
LOVER

Kümmere dich um dein Geld und
werde reich in jeder Beziehung

lübbe *life*

Dieser Titel ist auch als E-Book erschienen.

Alle in diesem Buch erwähnten Beispiele stammen aus der
Praxis der Autorin. Namen, Berufe und Orte wurden
jedoch aus Gründen des Persönlichkeitsschutzes geändert.

Originalausgabe

Copyright © 2020 by Bastei Lübbe AG, Köln
Textredaktion: Beate De Salve
Umschlaggestaltung: ZERO Werbeagentur, München
Unter Verwendung eines Motivs
von © Olga Hmelevskaya / shutterstock.com
Satz: fuxbux, Berlin
Gesetzt aus der Dante und der Neutraface
Druck und Verarbeitung: GGP Media GmbH, Pößneck
Printed in Germany
ISBN 978-3-404-06003-0

5   4   3   2   1

Sie finden uns im Internet luebbe-life.de
Bitte beachten Sie auch: lesejury.de

INHALT

»Erinnerst du dich noch an das erste Mal, als du Geld bekommen hast? An diesen Moment, in dem das Geld in deiner Hand lag und du noch nicht wusstest, was du damit machen wirst? Als du noch keine Pläne dafür hattest und ihr einfach nur zusammen wart?«

»Du meinst, als es noch keine Erwartungen gab?«

»Ganz genau. An diesen Moment sollten wir uns immer wieder erinnern. Denn sobald Erwartungen dazukommen, wird jede Beziehung schwierig.«

TELEFONAT MIT MEINER SCHWESTER

VORAUS-
GESCHICKT

Im Januar 2010 hatte ich alles, was man sich nur wünschen kann: meinen Traumjob, meinen Traummann, meine Traumhunde, mein Traumhaus. Und ich hatte endlich, endlich die letzte Rate eines Kredits abbezahlt, den ich fünfzehn Jahre zuvor für meinen Mann aufgenommen hatte. (Was mir damals wie die einzige Lösung erschien – wie wenig ich da doch wusste!)

Außerdem hatte ich alles, was ich keinem wünsche: keinerlei Ersparnisse – der typische Fehler vieler Freiberufler –, einen ausgereizten Dispo von minus 5 000 Euro sowie einen Kunden, der seit Wochen nicht zahlte und mir auf Nachfrage mitteilte, wenn ich das Geld so dringend bräuchte, müsse man sich das mit der weiteren Zusammenarbeit vielleicht noch mal überlegen. Außerdem ein Schreiben des Finanzamts mit einer Forderung über eine »nachträgliche Vorauszahlung« der Einkommenssteuer in Höhe von 18 000 Euro.

Der erste Teil – Traumhaus etc. – war für jeden klar zu sehen. Vom zweiten Teil hat niemand etwas geahnt.

Nur einen Monat zuvor war ich so stolz darauf gewesen, das Angebot meiner Bank, den auslaufenden Kredit aufzustocken, innerlich mit einem »Ha, das hättet ihr wohl gern. Ich werde nie wieder einen Kredit aufnehmen« beantwortet zu haben. Doch jetzt rief ich in meiner Verzweiflung tatsächlich meinen Bankberater an, um genau das zu tun. Und ich bekam zu hören: »Tut mir leid, das können wir leider nicht darstellen.« Die Bank, die es vier Wochen zuvor gar nicht hatte abwarten können, mich weiter per Kredit an sich zu binden, fand mich auf einmal nicht mehr kreditwürdig!

Ich wusste wirklich nicht mehr, was ich tun sollte.

»Warum hast du nicht dein Haus beliehen oder verkauft?«, höre ich dich fragen.

Tja, mein Haus gehörte mir nicht. Ich hatte drei Jahre vorher angefangen, es meiner Mutter abzukaufen. Und der Anteil, der nach einem Verkauf mir gehört hätte, hätte nicht ausgereicht, um die Forderung des Finanzamts zu erfüllen.

Die Angst, bald mit meinem Mann und unseren Hunden auf der Straße zu sitzen, wurde immer größer.

Die Rettung kam von unerwarteter Stelle. Meine Schwester schickte mir einen Link zu einer Website, auf der sie mir etwas zeigen wollte. Ich weiß gar nicht mehr, was es war, irgendetwas Grafisches. Doch ich fand auf dieser Internetseite etwas, das mein Leben verändert hat: einen Link zu Meadow DeVor, einem MoneyCoach aus den USA. Von so etwas hatte ich noch nie gehört. Ich ging auf ihre Seite, lud mir ihr E-Book herunter und fing an zu lesen.

Sie sprach mir aus der Seele. Endlich jemand, der das Gleiche erlebt hatte wie ich! (Nur eine halbe Million Dollar schlimmer.)

Auf einmal verstand ich, warum ich nie mit meinem Geld hinkam, obwohl ich seit Jahren sehr gut verdiente. Warum ich noch so viel rechnen konnte und es am Ende des Monats trotzdem nicht reichte. Warum Probleme mit Geld nicht mit mehr Geld und rationalem Denken zu lösen sind, sondern mit Gefühlen beziehungsweise dem Verstehen und Verändern dieser Gefühle.

Ich habe sofort einen Kurs bei Meadow gebucht, mich kurz darauf auch noch privat von ihr coachen lassen und es innerhalb eines halben Jahres geschafft, Lösungen für meine Probleme zu finden:

- indem ich mit meinem Steuerberater einen Weg erarbeitet habe, einen Teil der Forderung des Finanzamts gestundet zu bekommen, um Rückstellungen zu bilden,
- indem ich mir Geld von meiner Schwester geliehen habe, um die restliche noch bestehende Forderung zu begleichen,
- indem ich meine gesamte Beziehung zum Geld gründlich auf den Kopf gestellt habe.

Sechs Monate später habe ich meiner Schwester ihr Geld mit Zinsen (die sie gar nicht verlangt hatte, die ich ihr aber dennoch geben wollte) zurückgezahlt.

Zehn Monate später konnte ich eine weitere Forderung des Finanzamts über 7 000 Euro mit einer solchen Leichtigkeit bezahlen, dass ich mit einem so breiten Lächeln aus der Bank kam, als hätte ich gerade meinen Lottogewinn abgeholt.

Seit dieser Zeit hat mich das Thema nicht mehr losgelassen. Ich habe bei Meadow DeVor eine Ausbildung zum MoneyCoach gemacht, habe mich bei Brooke Castillo, Martha Beck, Byron Katie, Nicole Birkholzer, Koelle Simpson weitergebildet, habe Kurse und Workshops besucht, Bücher gelesen … und mich schließlich in die Öffentlichkeit gewagt, um anderen dabei zu helfen, ihre Beziehung zum Geld zu verbessern.

Die Grundlage für mein aktuelles Programm ist ein Vortrag, den ich 2014 auf einer internationalen Konferenz in Berlin gehalten habe. Der Titel dieses englischsprachigen Vortrags lautete: »Treat Your Money Like a Lover«, woraus im Folgenden eine erfolgreiche Workshopreihe und schlussendlich dieses Buch entstanden ist.

Ich habe inzwischen mit mehreren Hundert Menschen gearbeitet, in Workshops, Seminaren und Einzelcoachings. Gemeinsam haben wir die Angst vor dem Geld vertrieben und den Spaß am Geld (wieder-)entdeckt. Und wir haben wahnsinnig viel über uns gelernt. Denn unsere Beziehung zum Geld ist immer auch ein Spiegel unserer Beziehung zu uns selbst. Wenn wir also die Beziehung zu unserem Geld verbessern, verbessern wir damit auch die Beziehung zu uns selbst – und damit unser gesamtes Leben.

Einer meiner ersten Klienten vor Jahren hat während einer unserer Sitzungen gesagt: »An deiner Hand in den Abgrund zu schauen war lange nicht so schlimm, wie ich befürchtet hatte.«

Ich wünsche mir sehr, dass auch du an meiner Hand, mithilfe dieses Buchs, den Mut findest, in den Abgrund zu schauen. Du wirst feststellen, dass er gar nicht so tief ist.

IVONNE

EINLEITUNG

Hast du je darüber nachgedacht, dein Geld wie deinen Geliebten, deinen Partner zu behandeln? Vermutlich nicht, denn das klingt irgendwie absurd. Und doch habe ich genau das fünfzehn Jahre lang getan: Ich habe mein Geld genauso behandelt wie meinen Mann – oder ich sollte besser sagen, ich habe mich in der Beziehung zu meinem Geld genauso verhalten wie in der Beziehung zu meinem Mann. Ich dachte, ich müsse hart arbeiten, nützlich und möglichst anspruchslos sein, um ihre Nähe in meinem Leben »zu verdienen«. Obwohl keiner von beiden je so etwas von mir verlangt hat, steckte ich bald so tief in meiner selbst erfundenen Geschichte, dass sowohl die Beziehung zu meinem Mann als auch die zu meinem Geld darunter gelitten hat.

Auf meiner Expedition raus aus meiner Schuldenkrise und hin zu einem besseren Verhältnis zum Geld habe ich dann angefangen, diesen Ansatz zu hinterfragen: Bin ich wirklich nur liebenswert, wenn ich anspruchslos und im besten Falle nützlich bin? Welche Qualitäten zeichnen mich eigentlich aus? Und letztlich: Wer bin ich, und wer will ich sein? Dabei habe ich Folgendes festgestellt:

> *DIE ZUTATEN, DIE EINE TIEFE, INNIGE UND LIEBEVOLLE BEZIEHUNG ZWISCHEN ZWEI MENSCHEN AUSMACHEN, SIND DIE GLEICHEN, DIE WIR FÜR EINE GUTE UND LIEBEVOLLE BEZIEHUNG ZU UNS SELBST UND ZU UNSEREM GELD BENÖTIGEN.*

Daraus habe ich ein Konzept entwickelt, das dein Selbstbild und die Beziehung zu deinem Geld auf positive Weise auf den Kopf stellen wird.

Bei meinen Recherchen zu dem Thema habe ich herausgefunden, dass eine gute, tiefgehende Beziehung auf sechs Säulen ruht: Respekt, Empathie, Liebe, Aufmerksamkeit, Tuchfühlung, Experimente. Wenn man ihre Anfangsbuchstaben nimmt, ergeben sie sogar ein passendes Wort: RELATE. »To relate« bedeutet, etwas miteinander in Beziehung zu bringen. Und ich habe gesehen, dass diese sechs Zutaten nicht nur für eine gute Beziehung zwischen zwei Menschen wichtig sind, sondern auch und vor allem für die Beziehung zu mir selbst – und damit auch für die Beziehung zu meinem Geld.

In diesem Buch werden wir uns diese sechs Säulen genau vornehmen. Ich habe sie anschaulich mit Beispielen aus meiner Coachingpraxis unterlegt, sodass du dich selbst darin wiedererkennen kannst und am Ende deinen Weg zu einer erfüllten, entspannten Beziehung zu dir und deinem Geld finden wirst. Ich freue mich, dass du dich auf dieses Abenteuer einlässt, und wünsche dir viel Spaß dabei! Es lohnt sich!

1.

FÜR GEIST
UND KÖRPER

**Ein Gedanke ist so lange ein Gerücht,
bis er im Körper angekommen ist.**

Wie oft denken wir: *Ich weiß ja, dass ich müsste, aber ...* Das ist genau das »Gerücht«: Vom Kopf her wissen wir, dass wir etwas ändern müssen, doch es ist noch nicht in unserem Körper, in unseren Gefühlen angekommen. Um in unserem Leben etwas zu verändern, benötigen wir jedoch nicht nur das Wissen darum, was wir verändern wollen, sondern wir müssen es auch fühlen, sprich: Geist und Körper müssen beide beteiligt sein. Deshalb werden wir in diesem Buch immer wieder auf die Gefühlsebene zu sprechen kommen.

Das mag beim Thema Geld auf den ersten Blick seltsam erscheinen, denn wir glauben oft, dass Geldprobleme rational sind, auf Fakten basieren und daher vom Kopf her gelöst werden müssen. Aber mal ehrlich, wie gut hat dieser rationale Ansatz bei dir bisher geklappt? Also bei mir hat er, trotz BWL-Studium mit Schwerpunkt Finanz- und Rechnungswesen, nicht funktioniert. Sicher, ich wusste, wie es theoretisch gehen sollte, aber so ging es eben nicht, weil finanzielle Schwierigkeiten in unserem Teil der Welt keine rein mathematischen Probleme sind. Ab dem Moment, in dem unsere Grundbedürfnisse nach Nahrung, Kleidung und Obdach finanziell gedeckt sind, ist alles Weitere, was Geld betrifft, eine emotionale und keine rationale Angelegenheit mehr.

Wir wissen natürlich, dass wir weniger ausgeben müssen, als wir einnehmen, um mit unserem Geld klarzukommen. Doch dass das nicht gelingt, hat keine logischen, sondern emotionale Gründe. Und Gefühlsprobleme lassen sich nicht durch Denken lösen, sondern, wie der Name schon sagt, durch Fühlen. Das tut man mit dem Körper, nicht mit dem Kopf. Deshalb findest du in diesem Buch nicht nur Coachingwerkzeuge (= Kopfarbeit), sondern auch Übungen und Meditationen (= Körperarbeit). Denn nur wenn du fühlst, was deine Probleme verursacht, kannst du die Lösung finden, um etwas zu verändern.

WIESO IST EINE GUTE BEZIEHUNG ZU GELD SO WICHTIG?

Geld ist ein wichtiger Teil unseres Lebens – zumindest hier in der westlichen Welt. Sich nicht darum zu kümmern saugt uns sehr viel Energie ab. Das ist, wie neben einer Autobahn zu wohnen – nach einer Weile hören wir den Lärm nicht mehr, aber er fordert trotzdem seinen Tribut: von unserem Körper, unserem Geist und unserer Seele. Zudem gibt es (zumindest so, wie die Welt im Moment aussieht) nur zwei Dinge, die uns bis zu unserem letzten Atemzug begleiten werden: unseren Körper und unser Geld. Wäre es nicht viel netter, diese Reise durchs Leben mit jemandem zu unternehmen, den man mag, als mit jemandem, der uns Angst macht oder stresst?

Eine bekannte Redewendung besagt: »Über Geld spricht man nicht, das hat man.« Damit ist gemeint, dass es so viel interessantere Themen gibt, über die man sprechen kann, und dass man, wenn man viel Geld hat, damit nicht angeben soll. Ich glaube, in keinem Land der Welt wurde dieser Spruch so wörtlich genommen wie in unserem. In Deutschland sprechen wir nicht über Geld. Nicht mit unseren Eltern, nicht mit unseren Kindern oder Freunden, oft nicht einmal mit unserem Partner. Und vor allem reden wir nicht davon, wenn wir Probleme mit zu wenig oder zu viel Geld haben.

In diesem Buch wirst du erkennen, was die Art und Weise, wie du mit Geld umgehst, dir über deine Beziehung zu dir und zu anderen verrät. Je mehr ich über meinen Umgang mit

Geld gelernt habe, desto deutlicher habe ich erkannt, dass nicht meine Beziehung zum Geld die Wurzel allen Übels war, sondern meine Beziehung zu mir selbst. Und dass nicht mehr Geld mich glücklich macht, sondern glücklich zu sein das Leben reich macht.

2.
Respekt

Die erste Säule einer guten Beziehung ist Respekt. Ohne ihn kann es keine tiefe Verbindung zwischen zwei Menschen geben. Doch es reicht nicht, nur Respekt für den Partner mit all seinen Facetten zu haben. Wir müssen auch unsere eigenen Grundsätze, Vorlieben, Träume und Pläne respektieren.

Wie sieht dieser Respekt in einer Beziehung aus? Eine Freundin von mir hat mir ein gutes Beispiel dafür geliefert:

Meine Freundin ist seit Jahren Vegetarierin. Nicht etwa weil sie Fleisch nicht mögen würde, sondern weil sie nicht möchte, dass für ihr Abendessen Tiere getötet werden. Eines Tages lernte sie einen Mann kennen und lieben, der nicht nur Fleisch gegessen hat, sondern auch noch passionierter Jäger war. In der Jagdsaison war er jedes Wochenende mit seiner Flinte im Wald und hat Wild geschossen.

Die erste Stufe des Respekts in dieser Beziehung war, dass meine Freundin nicht versucht hat, ihn zum Vegetarier zu machen, und er im Gegenzug darauf verzichtet hat, sie dazu zu bewegen, seine selbst gemachten Grillwürste zu probieren, oder sie gar für seine Leidenschaft, die Jagd, zu begeistern. Das ist das, was wir unter gegenseitigem Respekt verstehen.

Wie oben schon erwähnt, gehört allerdings auch der Respekt uns selbst gegenüber in eine Beziehung. Und das sah in diesem Fall so aus: Meine Freundin wusste, dass ihr Freund, wenn er am Wochenende von der Jagd kam, voller Adrenalin war und ihr unbedingt von seinen Erlebnissen berichten wollte. Sie wusste aber auch, dass sie sich diese Geschichten nicht stundenlang anhören konnte. Und so hat sie zu ihm gesagt: »Du weißt, dass ich dich liebe. Und ich weiß, dass du deine Erlebnisse mit mir teilen willst. Aber ich ertrage es nicht, mir alles anzuhören. Deshalb schlage ich dir vor, wenn du nach der Jagd nach Hause kommst, setzen wir uns zehn Minuten zusammen, du kannst mir alles – außer den allzu blutigen Einzelheiten – erzählen, und ich höre dir zu.« So sieht Respekt sich selbst gegenüber in einer Beziehung aus: klar zu sagen, was man kann und was man nicht kann, was man erträgt und was nicht.

Gerade Frauen wurden und werden immer noch dazu erzogen, andere Menschen wichtiger zu nehmen als sich selbst. Sonst gelten sie als egoistisch, zickig, bossy … Aber wenn du dich selbst nicht respektierst, wenn du nicht glaubst, dass du wichtig bist oder es verdient hast, angemessen behandelt zu werden, ist die Wahrscheinlichkeit groß, dass du mit finanziellen Problemen zu kämpfen hast.

Die meisten Klientinnen kommen zu mir, weil sie glauben, sie hätten zu wenig Geld. Doch das ist nur selten das Problem. Vielmehr fehlt es ihnen an Respekt sich selbst gegenüber. Es fehlt an Wertschätzung für die eigenen Fähigkeiten, Talente, ihre Persönlichkeit, die Arbeit, die sie leisten. Sie verlangen zu wenig für ihre Tätigkeit, weil Geld der Wert ist, mit dem sie sich selbst bemessen.

GELD IST EIN SPIEGEL DEINER
BEZIEHUNG ZU DIR SELBST.
ES ZEIGT DIR GENAU, WO DU
STRAUCHELST UND WO DU
ERFOLGREICH BIST, WOVOR DU
ANGST HAST UND WAS DU LIEBST.

DEINE UMGEBUNG ALS BASIS FÜR EINE GUTE BEZIEHUNG

Einer dieser Spiegel, den dir dein Umgang mit Geld vorhält, ist deine Umgebung. Wie sieht der Ort in deinem Haus aus, an dem du dich mit deinen Finanzen beschäftigst?

Bei mir sah es damals so aus: Rechnungen in unordentlichen Haufen, Kontoauszüge in überquellenden E-Mail-Postfächern, wichtige Steuerunterlagen, die in dunklen Schubladen steckten. Respekt für mich oder mein Geld war da nirgendwo zu sehen.

Um dir ein Gefühl dafür zu geben, wie es mit dir und deinem Respekt für dein Geld aussieht, möchte ich eine Visualisierungsübung mit dir machen.

> *Schließ die Augen. Stell dir jetzt vor, dein Geld wäre eine Freundin von dir – deine beste Freundin, eine Kollegin, eine Trainingspartnerin. Diese Freundin kommt zu Besuch, und du setzt dich mit ihr genau dorthin, wo du dich um deine Finanzen kümmerst, deine Rechnungen schreibst und bezahlst. Wie fühlt sich dieser Ort an? Hell und gemütlich oder dunkel und beengt? Und was ist mit deiner Freundin? Willst du, dass sie noch ein wenig bleibt, oder kannst du es kaum erwarten, dass sie endlich wieder geht?*

Jetzt öffne die Augen wieder. Was meinst du, wie oft würde deine Freundin dich besuchen, wenn du ihr den gleichen Platz und die gleichen Annehmlichkeiten anbieten würdest, die du derzeit deinem Geld einräumst?

Wenn du jetzt denkst: *Mist, ich muss sofort loslegen und in meiner Wohnung Klarschiff machen*, dann leg das Buch zur Seite und fang an, dir einen schönen Ort in deinem Zuhause einzurichten, an dem du dich zukünftig mit deinem Geld zusammensetzt. Wenn du allerdings gedacht hast: *Ich hätte da noch Stunden mit ihr sitzen können*, bist du schon auf einem guten Weg zu einer gesunden Beziehung zu deinem Geld.

TIPP 1: Mach es dir schön

> »Dieser Vorschlag ist so absurd,
> den muss ich sofort ausprobieren.«
> — EINE KLIENTIN —

Generell gilt, dass du es dir, wenn du dich mit deinem Geld beschäftigst, so angenehm wie möglich machen solltest. Unsere Umgebung hat einen großen Einfluss darauf, wie wir uns fühlen. Wenn sich in meiner Küche das Geschirr des ganzen Tages stapelt, habe ich abends keine Lust zu kochen. Wenn es im Wohnzimmer aussieht, als wäre eine Horde Wildschweine durchgelaufen, kann ich mich nicht beim Fernsehen entspannen. Jetzt sind Kochen und Fernsehen für mich eigentlich zwei sehr angenehme Tätigkeiten. Wenn ein unordentliches Umfeld mich da schon so aus der Bahn wirft, kannst du dir dann vorstellen, wie es ist, wenn ich mich in so einer Umgebung mit einem mir unangenehmen Thema auseinandersetzen muss?

Unser Ziel ist es, dass sich alles, was mit Geld zu tun hat, neutral oder gut anfühlt. Die innere Veränderung, die stattfinden muss, wenn du dieses Ziel erreichen willst, braucht ein wenig mehr Zeit. Doch du kannst sie unterstützen, indem du mit Äußerlichem anfängst. Ein aufgeräumter Schreibtisch, vielleicht eine Kerze oder frische Blumen, ein leckerer Kaffee, Tee, Kuchen oder Rotwein, und schon verliert der Umgang mit deinen Kontoauszügen, Rechnungen oder der Steuererklärung ein wenig von seinem Schrecken. Nach meinen Workshops bekomme ich oft Fotos von den neuen »Geldorten« der Teilnehmer geschickt. Mach doch auch ein Vorher-Nachher-Foto von deinem Geldort und fühle, wie sich die Energie dort geändert hat.

TIPP 2: Schaffe dir Rituale

Meine ersten Steuererklärungen als Freiberuflerin werde ich nie vergessen. Einmal im Jahr wurden unter viel Gestöhne und Gefluche aus allen Ecken des Hauses Quittungen, Rechnungen und Kontoauszüge zusammengesucht und auf einen Haufen geworfen, um sie dann in stundenlanger, quälender Arbeit zu sortieren und in eine Form zu bringen, mit der mein Steuerberater etwas anfangen konnte. Dieses Prozedere hat immer mindestens einen, manchmal sogar zwei Tage in Anspruch genommen und mir Wochen vorher schon schlechte Laune bereitet. Dass ich zusätzlich beinahe jedes Jahr irgendein Problem mit dem Finanzamt bekam, hat die Sache nicht angenehmer gemacht.

Es war klar, dass ich hier etwas ändern wollte.

Heute habe ich ein ganz anderes System. Eines, das mir das Leben erleichtert und gleichzeitig ausdrückt, dass mein Geld mir wichtig ist.

1. Ich hole meine Post zwar jeden Tag aus dem Briefkasten, kümmere mich aber nur noch einmal in der Woche um sie. Auf dem Weg vom Briefkasten ins Haus sortiere ich alles, was Werbung oder uninteressant ist, aus, der Rest kommt in einen Briefhalter auf meinem Schreibtisch. Jeden Freitag um zehn Uhr morgens habe ich mein Date mit meinem Geld. Ich gehe die gesamte Post der Woche durch und sortiere: Rechnungen, die vor dem nächsten Freitag bezahlt werden müssen, werden bezahlt; Rechnungen, die länger Zeit haben, kommen zurück in den Briefhalter; Rechnungen, die abgebucht werden, landen in meinem Postkorb. Auf diese Weise habe ich mir meinen Alltag wesentlich erleichtert. Ich muss mich nicht mehr jeden Tag um die Briefe und Rechnungen kümmern, die eintreffen, ich muss nichts im Hinterkopf behalten, was ich noch überweisen muss. Ich weiß: Freitag kümmere ich mich. Das bringt sehr viel Ruhe in meine Woche.

2. Der Postkorb – oder besser gesagt: die Postkörbe. In meinem Schrank habe ich einen Posteingang mit drei Körben stehen, jeweils einen für jeden Monat des aktuellen Quartals. Hier sammle ich alle Rechnungen, Quittungen und Bankauszüge des jeweiligen Monats.

3. Einmal im Monat habe ich einen weiteren fixen Termin mit mir und meinem Geld, an dem ich meine Steuern des Vormonats mache. Das dauert nur zwanzig bis dreißig Minuten, weil dank der Postkörbe alles schon vorsortiert ist und ich die Zahlen nur noch in mein Buchhaltungsprogramm eintippen und dann die Belege abheften muss.

Diesen monatlichen Termin mit meinen Steuern habe ich fest in meinem Kalender eingetragen. So fest, wie ich auch einen

Kunden- oder Arzttermin eintrage. Wenn nicht gerade die Welt untergeht, wird dieser Termin eingehalten (Respekt gegenüber meinem Geld *und* meiner Zeit). Als ich damit anfing, war es Winter und der Termin fand abends statt, sodass ich oft eine bestimmte Kerze angemacht habe. Bis heute ist es so, dass der Duft dieser Kerze in mir ein ganz angenehmes, verbundenes Gefühl auslöst und mich liebevoll an mein Geld denken lässt. Also nutz auch du alle Sinne, die du nutzen kannst, um deine Geldtermine und -orte so angenehm wie möglich zu gestalten.

DIE MACHT DER SPRACHE

Den zweiten Spiegel hält uns unsere Sprache vor. Denn die Sprache, in der meine Klienten über ihr Geld sprechen, ist oft die gleiche, mit der sie über sich sprechen.

»Es reicht nie.« = »Ich bin nie (gut) genug.«

»Ich will mich nicht damit beschäftigen.« = »Ich will mich nicht mit meinen Problemen, Gefühlen und Gedanken beschäftigen.«

»Ich habe Angst davor.« = »Ich habe Angst vor meinem Leben, meinen Wünschen.«

Kehren wir noch mal kurz zu der Visualisierungsübung von oben zurück. Stell dir vor, nachdem deine Freundin weg ist, kommt dein Partner nach Hause. Du erzählst ihm von dem Besuch der Freundin und benutzt dabei die gleichen Worte, die du sonst nutzt, um dein Geld zu beschreiben. Sagst du: »Ich will mich einfach nicht mit ihr und ihren Problemen beschäftigen«, oder: »Ich bin keine adäquate Freundin für sie«, oder gar: »Wir beide werden immer beste Freundinnen sein«?

Was glaubst du, wie lange würde diese Freundschaft halten, wenn du so über deine Freundin sprichst, wie du es gerade in Gedanken getan hast?

Als Übersetzerin merke ich täglich, wie wichtig unsere Sprache ist, wenn es darum geht, Gefühle auszudrücken. Und in meiner Coachingpraxis stelle ich täglich fest, wie sehr uns bestimmte Ausdrücke unter Druck setzen oder in vermeintlich aussichtslose Situationen bringen. Lass uns mal schauen, welche das sind und wodurch wir sie ersetzen können.

Man kann nicht, muss aber

Dieser kurze Satz besteht aus den schlimmsten Wörtern, mit denen wir uns das Leben schwer machen.

1. Man

Maria kam zu mir, weil sie es leid war, dass von ihrem Gehalt am Ende des Monats nichts übrig blieb. Im Gegenteil, manchmal rutschte sie sogar ins Minus, obwohl sie ausgerechnet hatte, dass nach Abzug aller Fixkosten genügend Geld zum Leben und sogar zum Sparen übrig sein müsste.

»Wie fühlst du dich, wenn du am Ende des Monats auf deinen Kontoauszug schaust und siehst, dass wieder alles weg ist?«, habe ich sie in unserer ersten Stunde gefragt.

»Na ja, man kommt sich so dumm vor. Als wäre man zu blöd, etwas zu schaffen, was scheinbar allen anderen problemlos gelingt.«

Maria hat hier etwas getan, was viele von uns machen: Sie hat auf eine persönliche Frage (Wie fühlst du dich?) generalisiert geantwortet (Man kommt sich dumm vor).

Warum tun wir das? Drei Psychologen von der University of Michigan haben dieses Phänomen untersucht und ihre Ergebnisse in *Science*, dem Fachmagazin der American Association for the Advancement of Science, veröffentlicht.*

Demnach versuchen wir, mit dem Wechsel von »ich« zu »man« dem Erlebten eine allgemeingültige Bedeutung zuzuschreiben. Dies tun wir hauptsächlich, wenn wir von negativen Dingen erzählen. Wir wollen uns damit emotional von ihnen distanzieren.

* https://science.sciencemag.org/content/355/6331/1299

Und das gelingt uns auch. Wenn ich sage: »Man kommt sich so dumm vor«, ist das lange nicht so persönlich, wie zu sagen: »Ich komme mir so dumm vor.« Doch leider geben wir damit auch die Kontrolle ab. Wir tun in dem Moment so, als wäre es etwas, das sich nicht vermeiden lässt. Wenn wir jedoch eine gute Beziehung zum Geld aufbauen wollen, kommen wir nicht umhin, die Verantwortung für ebendiese Beziehung zu übernehmen – mit allem, was dazugehört. Also: »*Ich* komme mir dumm vor.« Und damit kann *ich* auch anfangen, etwas dagegen zu tun.

2. (Ich) Kann nicht

Bleiben wir noch mal bei Maria. Im Laufe unseres Gesprächs fiel auch von ihr der Satz, den ich in meiner Praxis wohl am häufigsten höre. Als ich sie nämlich fragte, weshalb es ihr ihrer Ansicht nach nicht gelinge, Geld zur Seite zu legen, obwohl sie das, ihrer Aussage nach, ja wollte, entschuldigte sie sich mit: »Ich kann eben einfach nicht mit Geld umgehen.«

Das ist eine tolle Ausrede, die uns genau wie »man« aus der Verantwortung entlässt. »Ich kann nicht singen« heißt, dass ich nicht auf die Bühne muss. »Ich kann nicht Fußball spielen«, also kein Training für mich. Und »Ich kann nicht mit Geld umgehen« beinhaltet, dass ich an meiner Situation nichts ändern kann. Doch dass jemand nicht mit Geld umgehen kann, ist eigentlich immer falsch. Und warum?

Es gibt drei Dinge, die man mit Geld tun kann: verdienen, ausgeben, sparen.

Hast du schon mal Geld verdient?

Hast du schon mal Geld ausgegeben?

Hast du schon mal Geld gespart?

Wenn du alle drei Fragen mit Ja beantwortet hast, kannst

du mit Geld umgehen. Du tust es nur nicht so, wie du es vielleicht gerne würdest.

Nachdem ich Maria das erklärt hatte, meinte sie: »Tja, aber ich habe noch nie Geld gespart. Siehst du, ich kann nicht mit Geld umgehen.« Auf Nachfragen stellte sich heraus, dass sie sehr wohl ihr Kleingeld in einem gesonderten Glas zurücklegte. Das war für sie jedoch kein Sparen, weil es ja »nur so kleine Beträge« waren.

Doch es ist egal, ob du nur einen Cent oder Tausende Euro verdient, ausgegeben oder gespart hast. Du hast es getan, und somit kannst du die Ausrede, nicht mit Geld umgehen zu können, ein für alle Mal ad acta legen und dir eingestehen, dass du derzeit einfach nur nicht so mit deinem Geld umgehst, wie du es gerne tun würdest. Damit übernimmst du wieder die Verantwortung in deiner Beziehung zum Geld und kannst dich daranmachen herauszufinden, wieso du es nicht tust. Im zweiten Kapitel erfährst du mehr darüber. Aber jetzt bleiben wir noch mal kurz bei Maria.

Nachdem sie also eingesehen hatte, dass die Ausrede, nicht mit Geld umgehen zu können, nicht zieht, sagte sie: »Dann muss ich jetzt wohl was an meinem Verhalten ändern.«

Womit wir gleich beim nächsten Wort wären, das uns das Leben schwer macht.

3. (Ich) Muss

Dieses kleine, unscheinbare Wort ist so aufgeladen, das kann man sich gar nicht vorstellen. Sag es mal leise (oder auch laut) vor dich hin: »Ich muss.« Spürst du, wie sich in diesem Moment in deinem Körper Widerstand regt? Wie sich das Zwerchfell oder der Magen zusammenzieht, du tief einatmest und anfängst, Ausreden zu suchen?

Das liegt daran, dass wir dieses Wort niemals in einem positiven Zusammenhang hören. In unserer Kindheit hat keiner je zu uns gesagt: »Du musst jetzt mal deinen Lieblingsfilm gucken und ein paar Süßigkeiten essen«, sondern »muss« war mit Hausaufgaben, Aufräumen, Mithilfe im Haushalt, Trainingsstunden etc. verbunden. Und so hat sich in unserem Körper eine Trotzreaktion festgesetzt. Wir hören »muss« und denken: *Boah, nee, oder?* Wir haben wieder das Gefühl, keine Kontrolle zu haben und den Umständen hilflos ausgeliefert zu sein.

Außerdem setzt uns das Wort »muss« wahnsinnig unter Druck. Wir kennen das alle, wenn die Chefin kurz hereinschaut und sagt: »Der Bericht muss bis 16 Uhr fertig sein.« Selbst wenn wir in diesem Moment gerade den Punkt hinter den Bericht setzen, fühlen wir uns gehetzt.

Und doch benutzen wir dieses Wort ständig. Achte mal darauf, wie oft am Tag du »Ich muss noch …« sagst.

Was können wir stattdessen tun? Wir können »müssen« durch »machen« oder »wollen« ersetzen.

Spür in den folgenden Beispielen mal nach, ob du einen Unterschied fühlst.

Mein heutiger Tag im »Muss«:

Ich muss um halb neun aufstehen und duschen. Dann muss ich einen Kaffee trinken und zu meiner Vermieterin hoch, weil ich mit ihr frühstücken muss. Danach muss ich ihr mit ihrer Excel-Tabelle helfen, bevor ich mich an meine Übersetzung setzen muss. Nachmittags muss ich mit meinem Hund am Strand spazieren gehen, bevor ich mir abends etwas zu essen kochen und fernsehen muss.

Ehrlich gesagt war ich bei diesem Beispiel schon erschöpft, bevor ich überhaupt die erste Stufe zur Wohnung meiner Vermieterin erklommen hatte ...

Mein heutiger Tag im »Machen«.

Ich stehe um halb neun auf und dusche. Dann trinke ich einen Kaffee und gehe zu meiner Vermieterin hoch, um mit ihr zu frühstücken. Danach helfe ich ihr mit ihrer Excel-Tabelle, bevor ich mich an meine Übersetzung setze. Nachmittags gehe ich mit meinem Hund am Strand spazieren, bevor ich mir abends etwas zu essen koche und fernsehe.

Wow, was für ein neutraler, entspannter Tag.

Mein heutiger Tag im »Wollen«.

Ich will heute um halb neun aufstehen und duschen, weil ich nach meinem Kaffee zu meiner Vermieterin hochgehen will, um mit ihr zu frühstücken. Danach will ich ihr bei ihrer Excel-Tabelle helfen, bevor ich mich an meine Übersetzung machen will. Nachmittags will ich mit meinem Hund am Strand spazieren gehen, und abends will ich mir etwas zu essen kochen und fernsehen.

Okay, das ist sehr viel »wollen« – man könnte es ein paar Mal durch »möchten« oder »machen« ersetzen ...

Die perfekte Mischung wäre die zwischen »machen« und »wollen«:

> *Ich stehe heute um halb neun auf und dusche. Bevor ich zum Frühstück zu meiner Vermieterin gehe, möchte ich noch in Ruhe einen Kaffee trinken. Nachdem ich das Excel-Problem für sie gelöst habe, mache ich mich an meine Übersetzung. Nachmittags möchte ich mit meinem Hund am Strand spazieren gehen, und abends werde ich mir etwas kochen und fernsehen.*

Das klingt für mich nach einem guten, selbstbestimmten Tag, auch wenn er Teile beinhaltet, auf die ich vielleicht nicht ganz so viel Lust habe.

Was, glaubst du, hat sich bei Maria verändert, als sie den Satz »Ich muss jetzt was an meinem Verhalten ändern« umformuliert hat?

Sie hat sich in der ersten Stunde für »Ich möchte mein Verhalten ändern« entschieden. Und bei diesem kleinen Worttausch spürte sie auf einmal die Möglichkeit, dass ihr Leben anders sein könnte als bisher. Sie war noch nicht davon überzeugt, es schaffen zu können, aber sie zog die Möglichkeit in Betracht. Aus »Ich komme mir dumm vor« wurde »Ich möchte mein Verhalten ändern«. Und das hat sie dann auch getan. Schrittchen für Schrittchen. So wie wir das hier gerade gemeinsam tun.

Probiere es doch auch einmal aus! Tausche »müssen« gegen »wollen« oder »machen« und schau, was passiert.

_____

_____

_____

_____

_____

_____

_____

_____

4. Aber

Wenn du jetzt weiterliest, wirst du mich vermutlich bald verfluchen. Denn jedes Mal, wenn du in Zukunft »aber« sagst, wirst du an diesen Abschnitt denken und verzweifelt nach einer anderen Formulierung suchen. Doch vertrau mir, es lohnt sich.

Das unscheinbare Wort »aber« ist in unzähligen Sitzungen mit meinen Klienten ein Stolperstein gewesen, weil es viel zu oft zwei Dinge miteinander verbindet, die nichts miteinander zu tun haben, durch dieses kleine Wort jedoch zusammengeschweißt werden und so eine Art Spirale bilden, aus der wir keinen Ausweg finden.

Das wohl eindrücklichste Beispiel war eine Klientin von mir, die ein sehr erfolgreiches Yoga- und Tanzstudio betrieb. Bei unserem Kennenlerngespräch stellte sie sich mir wie folgt vor: »Ich bin Yoga- und Tanzlehrerin, aber übergewichtig.« Wir unterhielten uns eine Weile und kamen natürlich auch auf ihr Problem mit den Finanzen zu sprechen. Wenn sie in ihrem Studio war und unterrichtete, ging sie voll in ihrer Rolle als Lehrerin auf. Sie konnte das Lob und die positiven Rückmeldungen ihrer Schülerinnen annehmen, weil sie sich und ihren Körper beim Unterrichten vollkommen vergaß. Doch sobald sie zu Hause war und ihren Kontostand anschaute, kam sie sich wie eine Hochstaplerin vor. Diese dicke Frau konnte unmöglich das verdient haben, was da auf ihrem Konto eingegangen war.

Eine Woche später haben wir wieder gesprochen, und inzwischen war mir etwas aufgefallen. Ich bat sie, sich noch einmal vorzustellen. »Ich bin Yoga- und Tanzlehrerin, aber übergewichtig.«

Bingo.

Das Wörtchen »aber« verband hier zwei Dinge, zwischen denen überhaupt keine Verbindung besteht. Durch das »aber« waren sie nun jedoch unauflösbar zusammengeschweißt. Das Übergewicht meiner Klientin hatte nichts damit zu tun, ob sie eine gute Lehrerin war oder nicht. Es hatte nur damit zu tun, dass sie dem Bild, das sie sich von Yoga- und Tanzlehrerinnen machte, nicht entsprach. Wenn sie im Studio war und unterrichtete, ging sie so in ihrer Aufgabe auf, dass für solche Überlegungen gar kein Platz war, ihr Ego hatte sozusagen Tanzpause. Zu Hause jedoch, allein mit ihren Kontoauszügen, hatten die Zweifel Raum genug, um sich auszubreiten und jegliche positive Assoziation des Geldes auf ihrem Konto mit Wertschätzung für ihre Arbeit auszuradieren. Ihre Einnahmen fühlten sich einfach nicht gut an.

Ich bat sie daraufhin, in dem Satz einmal das »aber« durch ein »und« zu ersetzen.

»Ich bin Yoga- und Tanzlehrerin und übergewichtig.«

Ich glaube, wir beide werden diesen Moment niemals vergessen. Wenn ich mich recht erinnere, wurde mir von ihr unter Tränen ein Heiratsantrag gemacht. Denn diese kleine Veränderung, dieser Austausch von vier Buchstaben gegen drei, hat bei ihr den Knoten zum Platzen gebracht. Ja, sie ist Yoga- und Tanzlehrerin. Und ja, sie ist übergewichtig. Und nein, das eine hat mit dem anderen nichts zu tun.

Heute führt sie ihr Studio weiterhin erfolgreich und kann das Geld, das sie mit ihrer Arbeit verdient, als Anerkennung für ihre Leistung sehen. Ihre Einnahmen fühlen sich endlich gut an. Damit haben auch ihre finanziellen Probleme ein Ende gefunden. (Wieso es so wichtig ist, dass sich das Geld, das wir einnehmen, gut anfühlt, darüber sprechen wir im Kapitel »Aufmerksamkeit«.)

Dieser kleine Wortaustausch hat vielen meiner Klienten geholfen. So zum Beispiel auch der jungen Frau, die mit Anfang dreißig so viel Geld geerbt hatte, dass sie eigentlich für den Rest ihres Lebens nicht mehr hätte arbeiten müssen. Doch darüber war sie überhaupt nicht glücklich. Von ihren Freundinnen hörte sie nur: »Dein Problem hätte ich auch gerne.« Was die Freundinnen dabei nicht bedacht haben, ist: Wenn sie dieses Problem hätten, wäre es auch für sie ein Problem.

Aber was genau war es? Wieso mochte meine Klientin sich nicht mit dem Geld beschäftigen, es nicht ausgeben oder investieren?

Die Erklärung ließ nicht lange auf sich warten. Das Geld stammte von ihrem Großvater.

»Ich habe meinen Opa geliebt«, sagte sie, »aber zu meiner Mutter war er immer ein Arsch.«

Da war es wieder, das »aber«, das meine Klientin in einen wahnsinnigen Loyalitätskonflikt stürzte. Wenn sie dieses Geld annähme, sich damit beschäftigte, würde sie sich ihrer Mutter gegenüber dann nicht illoyal verhalten? Schließlich war ihr Großvater kein guter Vater für ihre Mutter gewesen.

Auch in diesem Fall war es wesentlich einfacher, das Problem zu lösen, nachdem durch den Ersatz des »aber« der erste Knoten geplatzt war.

»Ich habe meinen Opa geliebt. Und er war zu meiner Mutter ein Arsch.«

Nun gab es zwei klar abgegrenzte Themen, die einzeln bearbeitet werden konnten. Unter anderem konnte meine Klientin nun mit ihrer Mutter über ihren Zwiespalt reden und sich so aus ihrem Loyalitätskonflikt befreien.

2.2.2
Mehr, nicht genug, zu viel, zu wenig

»Ich hätte gerne mehr Geld.«

»Ich verdiene nicht genug.«

»Das ist viel zu viel.«

»Ich habe immer zu wenig.«

Na, welcher dieser Sätze kommt dir bekannt vor? Vermutlich alle.

Da wir eigentlich ja nicht über Geld reden, es uneigentlich aber doch oft tun, kommen häufig so schwammige Sätze dabei heraus. Wir trauen uns nicht zu sagen, was wir wirklich wollen oder denken.

In meinem letzten Workshop sagte eine Teilnehmerin, dass sie gerne mehr Geld hätte. Auf die Bitte von mir, eine Summe zu nennen, sagte sie, das könne sie nicht. Sie wollte einfach mehr.

»Okay. Ich gebe dir einen Euro. Nun hast du mehr«, habe ich ihr vorgeschlagen.

Das war natürlich nicht das, was sie meinte. Doch ihren Wunsch auszusprechen, traute sie sich nicht. Deshalb sind wir erst einmal rational an die Sache herangegangen. Auch wenn ein Wunsch etwas Emotionales ist, kann es helfen, diesen Umweg über das rationale Denken zu gehen.

Über die Frage, wofür sie mehr Geld haben möchte – um in einem besseren Supermarkt einzukaufen, ihren Kindern ab und zu einen Wunsch zu erfüllen und um etwas für einen Urlaub zur Seite zu legen –, entdeckten wir ihre wahren Wünsche, und denen konnten wir dann einzelne Beträge zuordnen: ungefähr 200 Euro im Monat mehr für den Biosupermarkt, durchschnittlich 50 Euro für jedes ihrer zwei Kinder im Monat und 300 Euro im Monat zum Sparen. Nachdem wir auf diesem Weg bei 600 Euro zusätzlich angekommen waren, platzte es aus ihr heraus: »Wenn ich ehrlich bin, hätte ich gerne 1000 Euro mehr im Monat.« Dabei sah sie aus, als erwartete sie, gleich von uns allen gesteinigt zu werden.

Dabei hatte sie doch nur einen Wunsch geäußert, einem Traum Ausdruck verliehen!

Wieso haben wir davor solche Angst? Woher kommt es, dass wir uns nicht trauen zu sagen, was wir wollen?

Ein Grund dafür ist, dass wir ein schlechtes Gewissen haben, weil wir fürchten, mehr zu verlangen, als uns zusteht. Der Mensch ist ein Herdentier. Wir brauchten schon immer unseren Stamm, unsere Familie, unsere Gruppe, zu der wir gehören. Das hat einen evolutionsbiologischen Hintergrund.* Hinter dem schlechten Gewissen verbirgt sich die Angst, aus der Gruppe oder Gemeinschaft ausgestoßen zu werden. Früher hätte das den sicheren Tod bedeutet, und das steckt uns noch heute in den Genen, auch wenn wir nur den sozialen Tod fürchten.

Deshalb bleiben wir gerade beim Geld wahnsinnig schwammig. Wir sagen »mehr« statt »1 000 Euro mehr«. Wir sagen »zu wenig« statt »500 Euro zu wenig«. Wir drücken uns vor genauen Angaben, weil wir das Urteil unserer Mitmenschen fürchten.

Und nicht nur das! Wir fürchten auch, unseren Wunsch nicht erfüllt zu bekommen, unser Ziel nicht zu erreichen. Und zu scheitern ist für die meisten Menschen genauso schlimm, wie ausgestoßen zu werden. Wenn ich aber schwammig bleibe, kann ich nicht scheitern, weil ich ja gar kein festes Ziel erreichen oder eben nicht erreichen kann.

Was wiederum genau das Problem ist.

Stell dir vor, du willst verreisen. Du suchst dir ein Ziel aus und guckst dann, wie du dort hinkommst. Ohne Ziel wird es schwierig.

***

* Karen Kocherscheidt, Psychotherapeutin am Zentrum für Psychosoziale Medizin des Universitätsklinikums Heidelberg, in einem Interview mit ZEIT WISSEN Magazin 1/18

Das Ziel muss dabei nicht ein konkreter Ort sein. Du kannst auch sagen: »Ich will irgendwohin, wo es warm und sonnig ist.« Oder: »Ich will in die Berge / ans Meer / in eine Stadt.« Aber irgendeine Destination musst du vorher festlegen.

Und das musst du auch beim Geld.

Du kannst sagen: »Ich will nach Florida.« = »Ich will 1000 Euro mehr verdienen.«

Du kannst sagen: »Ich will in die Sonne.« = »Ich will am Ende des Monats 200 Euro übrig haben.«

Du kannst sagen: »Ich will in die Berge.« = »Ich will mir dieses Jahr eine bestimmte Fortbildung leisten können.«

Erst wenn du das Ziel festgelegt hast, kannst du dich daranmachen, den besten Weg zu finden, um es zu erreichen.

Aus »Ich möchte mehr verdienen« wird mit einem Ziel: »Wie kann ich 1000 Euro mehr verdienen?«

Aus »Ich habe immer zu wenig« wird mit einem Ziel: »Was kann ich tun, damit am Ende des Monats 200 Euro übrig bleiben?«

Aus »Das ist viel zu viel« wird mit einem Ziel: »Wie kann ich mir dieses Jahr diese Fortbildung leisten?«

Du siehst, ein Ziel macht aus einem Problem eine Lösung, indem es dir Wege zum »Wie« aufzeigt.

Also trau dich, deinen Zielen Zahlen zuzuordnen. Was ist das Schlimmste, das passieren kann, wenn du es tust? Dass du das Ziel nicht oder nicht vollständig erreichst. Aber wenn du kein Ziel hast, wirst du es definitiv nicht erreichen.

Nachdem du dein Ziel festgelegt hast, können wir uns der Frage widmen, was du tun kannst, um es zu erreichen. Im folgenden Kapitel »Empathie« wirst du ein paar Aufgaben finden, die dir dabei helfen.

ÜBUNG: Meine Ziele

Ich möchte:

Das kostet:

_____   _____

_____   _____

_____   _____

_____   _____

_____   _____

_____   _____

_____   _____

_____   _____

_____   _____

_____   _____

_____   _____

3. Empathie

Wie wir im letzten Kapitel gesehen haben, müssen wir unsere Ziele festlegen, damit wir sie erreichen können. Denn nur wenn du weißt, wohin du willst, kannst du erkennen, was dir auf dem Weg dorthin noch im Weg steht. Meistens sind das alte Glaubenssätze, die bestimmte Gefühle in uns auslösen. Deshalb tauchen wir jetzt mal tief in unsere Gefühlswelt ein, um diesen Hindernissen auf den Grund zu gehen und sie aus dem Weg zu räumen.

Im Deutschen gibt es die schöne Unterscheidung zwischen Mitleid und Mitgefühl.

Mitleid hat zwei Seiten. Zum einen kann es bedeuten, ich leide mit jemandem mit. Zum anderen kann auch eine gewisse Überheblichkeit in dem Wort stecken, wenn man mit jemandem Mitleid hat.

Mitgefühl hingegen ist ausgewogener. Es bedeutet, ich fühle mit einem Menschen oder anderen Lebewesen mit, ohne dass ich mich als besser oder den anderen als schlechter betrachte. Das nennt man auch Empathie: das Vermögen, sich in einen anderen Menschen einzufühlen. Empathisch zu sein bedeutet für mich, einem anderen Menschen einen sicheren

Raum zu geben, in dem er seine Gefühle ausdrücken kann, ohne dass ich mich in seine Geschichte hineinziehen lasse.

Wir alle kennen das: Eine Freundin ist verlassen worden, und wir schimpfen mit ihr über den idiotischen Ex. Das ist vollkommen normal und in Ordnung. Doch irgendwann kommt der Punkt, an dem wir die Geschichte unserer Freundin verlassen müssen, damit sie nicht unser Leben beeinflusst, indem wir zum Beispiel anfangen zu denken, dass alle Männer Idioten sind und wir nichts mehr mit ihnen zu tun haben wollen.

Für deine Beziehung zum Geld ist es wichtig, Empathie für *dich* zu haben. Du musst *dir* den sicheren Raum geben, damit sich deine Gefühle rund um das Thema »Geld« in dir zeigen können, du darfst dich jedoch gleichzeitig nicht in die Geschichte dieser Gefühle hineinziehen lassen, weil sie sonst dein Leben bestimmen. Negative Gefühle im Zusammenhang mit Geld sind insbesondere: Angst, Scham, Mangel, Wut, Neid.

Bei mir war es Scham. Ich habe mich dafür geschämt, dass ich, obwohl ich Diplom-Betriebswirtin mit Schwerpunkt Finanz- und Rechnungswesen bin und immer gut verdient habe, am Letzten jeden Monats am unteren Ende meines Dispos angekommen war. Ich habe zugelassen, dass diese Scham mein Leben diktierte. Und weil ich mich so geschämt habe, konnte ich nicht um Hilfe bitten. Und ohne Hilfe wurde es immer schlimmer. Das wiederum machte es noch schwieriger zuzugeben, dass ich allein überfordert war.

Ich dachte damals, dass ich die Einzige bin, die es nicht hinbekommt. Bei allen anderen sah es so leicht und selbstverständlich aus! Was ich damals nicht wusste: Für die anderen sah es auch so aus, als hätte ich finanziell alles im Griff. Das ist etwas, was wir nie vergessen sollten: Man kann den Menschen ihre finanziellen Schwierigkeiten selten ansehen.

Die Spirale der Scham hat mich immer weiter nach unten gezogen, bis ich eines Tages den Tiefpunkt erreicht hatte, an dem ich dachte, ich würde alles verlieren. Es war einer der schwierigsten Tage in meinem Leben, als ich meine Schwester bitten musste, mir Geld zu leihen, damit ich meinen Verpflichtungen nachkommen konnte. Aber es war zugleich auch der befreiendste Tag in meinem Leben. Nicht nur weil ich gemerkt habe, dass die Welt sich weiterdreht, obwohl ich zugeben musste, etwas nicht alleine zu schaffen. Sondern auch weil mich dieses Ereignis zu meiner Arbeit als MoneyCoach geführt hat.

Hätte ich nicht Mitleid mit mir gehabt, sondern Mitgefühl, hätte ich eher aus der Geschichte meiner Gefühle herausfinden können. Ich hätte mich von der Scham nicht dazu verleiten lassen, mich immer weiter zurückzuziehen, sondern hätte zugeben können, überfordert zu sein, und mir wesentlich früher Hilfe suchen können.

Anstatt also wegen deiner Gefühle zu leiden, indem du sie unterdrückst, lass sie in dir aufsteigen und nimm sie wahr, ohne sie oder dich zu verurteilen. Halte den sicheren Raum, um die Botschaft deiner Gefühle zu erkennen, und dann tritt aus deiner Geschichte heraus. Mach dich auf die Suche nach Hilfe oder einer Lösung für dein Problem.

3.1

GEFÜHLE SIND NICHT GUT ODER SCHLECHT — SIE FÜHLEN SICH NUR SO AN

Im April 2016 saß ich mit einem Klienten bei einem Kaffee zusammen, als mir bewusst wurde, wo der Fehler in unserem Denken liegt, wenn es um unsere Gefühle geht.

Er erzählte mir, dass sein Kontostand nie wirklich schlecht, aber auch nie wirklich gut aussah. »Er dümpelt so um die Nulllinie herum.« Da ich damals den Zusammenhang zwischen Geld und Gefühlen schon länger untersucht hatte und ihn unglaublich faszinierend fand, wollte ich eine meiner Theorien testen. Ich fragte ihn, wie es generell in seinem Leben um die Gefühle bestellt sei. War er eher der Typ »himmelhoch jauchzend – zu Tode betrübt« oder der Typ »Och, muss ja«? Nachdem er kurz darüber nachgedacht hatte, ordnete er sich der letzten Kategorie zu. Nie zu glücklich, nie zu traurig. »Immer so um die Nulllinie herumdümpelnd?«, fragte ich, was er lachend bejahte. Interessant. Genauso wie sein Kontostand.

Ich nahm mir eine Serviette und malte das folgende Bild darauf:

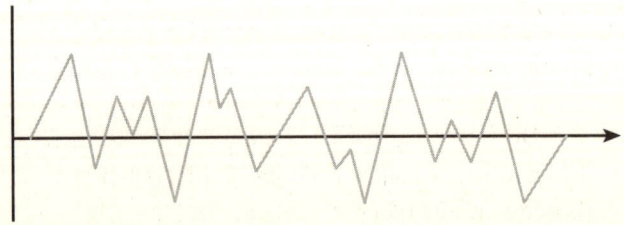

Dann fragte ich ihn, was der Anblick dieser Linie in ihm auslöste.

Und diese Frage stelle ich jetzt dir: Schau dir die Linie an und fühle, was dabei in deinem Körper passiert.

Ich habe dieses Experiment danach noch viele Hundert Male gemacht, und das Ergebnis war immer das gleiche: Die Menschen empfinden eine leichte Anspannung, ein nicht näher zu benennendes Unbehagen. Und das ist kein Wunder, denn so eine Grafik benutzen wir meistens, um etwas von großer Wichtigkeit darzustellen: ein EKG, Börsenkurse, die Entwicklung der globalen Temperatur oder Erdbebenstärken. Wir haben gelernt, auf diese Art der Grafik angespannt zu reagieren.

Gefühle sind nicht gut oder schlecht

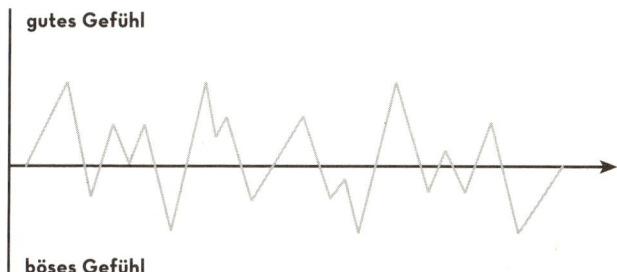

Leider ist es so, dass wir ebenfalls gelernt haben, unsere Gefühle so zu betrachten. Und weil uns diese Ansicht ängstigt, trauen wir uns nicht, alle Gefühle auch wirklich zu fühlen. Wir sollen bloß nicht zu hoch fliegen mit unseren Gefühlen, weil wir dann ja – wie die Kurve zeigt – sehr tief fallen können. Noch weniger sollen wir uns allerdings bei den negativen, »bösen« Gefühlen herumtreiben.

Schon im Kindesalter lernen wir, dass wir keine Angst haben dürfen (»Ist doch nicht so schlimm«), dass wir nicht sauer sein sollen (»Jetzt vertragt euch endlich wieder«) und dass wir keine schlechte Laune haben dürfen (»Nun lach doch mal!«). Kurz, es wird uns nicht erlaubt, negative Gefühle einfach mal auszuleben. Und so versuchen wir auch als Erwachsene immer, ein unangenehmes Gefühl zu vertreiben, sobald es aufkommt: durch Essen, Geldausgeben, Trinken, Fernsehen, soziale Medien. Wir wissen nicht, wie wir mit diesen negativen Gefühlen umgehen sollen, weil wir keine Erfahrungen damit sammeln durften.

Wenn wir glauben, dass unsere Gefühle so verlaufen wie in der Grafik oben dargestellt, ist es kein Wunder, dass wir Angst davor haben, zu glücklich oder zu traurig zu sein. Wir stehen glücklich auf der obersten Spitze und sehen, wie tief wir allein bis zur Nulllinie fallen können. Das macht uns Angst. Oder wir sitzen in der untersten Spitze und denken, wie viel Kraft es uns kosten wird, bis zur Nulllinie hochzuklettern – und dann womöglich noch ein bisschen weiter, bis wir wieder zufrieden oder gar glücklich sind. Das ist viel zu anstrengend. Also geben wir uns damit zufrieden, irgendwo um die Nulllinie herumzupendeln, um nicht zu hoch zu steigen, aber vor allem, um nicht zu tief zu fallen.

Uns wurde beigebracht, dass negative Gefühle nicht gut sind. Deshalb versuchen wir, sie zu vermeiden oder zu unterdrücken. Ich bin jedoch der Meinung, wenn negative Gefühle für uns nicht wichtig wären, hätte die Evolution sie schon längst abgeschafft.

JEDES GEFÜHL, OB POSITIV
ODER NEGATIV, IST FÜR UNS DA.
NICHT GEGEN UNS.

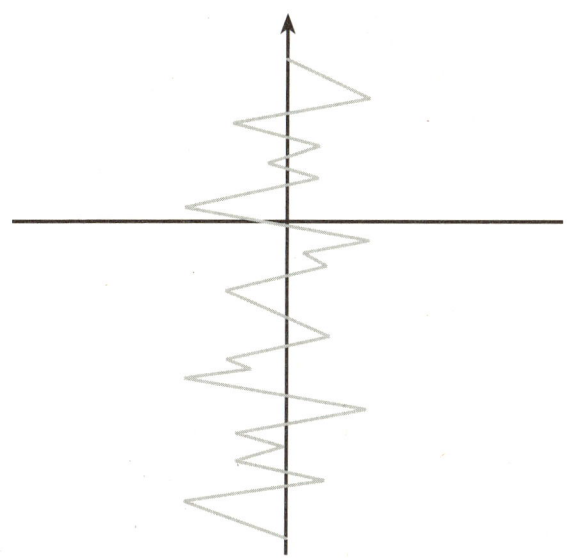

Nun schau dir einmal diese Grafik an.

Es ist genau die gleiche Linie wie die erste.

Was passiert bei diesem Anblick in deinem Körper?

Lass mich raten: nichts.

Diese gezackte Linie löst vermutlich gar nichts in dir aus.
Sie ist vollkommen neutral.

Und sie ist die wahre Darstellung unserer Gefühle.

Gefühle sind nicht gut oder schlecht.
Sie fühlen sich nur so an

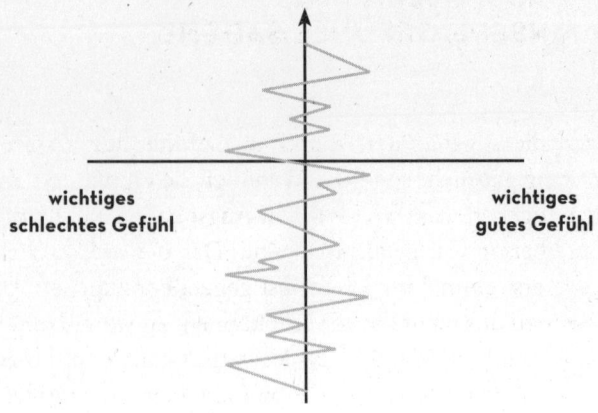

wichtiges
schlechtes Gefühl

wichtiges
gutes Gefühl

Unsere Gefühle gehen nicht nach oben und unten, sondern nach links und nach rechts. Sie sind nicht gut oder schlecht, sie fühlen sich nur so an. Wenn die Mittellinie deinen Weg durchs Leben anzeigt, dann kannst du dir die Ausschläge nach rechts und links als Aussichtspunkte auf diesem Weg vorstellen. Sie laden dich ein innezuhalten, dich umzuschauen und Dinge zu sehen, die du sonst nicht bemerkt hättest. Forscher, unter anderem Dr. Jill B. Taylor*, haben herausgefunden, dass ein Gefühl, wenn es frei fließen kann und nicht von Gedanken angefeuert wird, nach neunzig Sekunden von allein verschwindet. Und das ist das Schöne daran, wenn wir Gefühle frei fließen lassen: Sie tun nicht weh. Erst wenn wir anfangen, sie zu unterdrücken oder durch unsere Gedanken zu befeuern, werden sie unangenehm.

* Dr. Jill B. Taylor, Neuroanatomin, »My Stroke of Insight: A Brain Scientist's Personal Journey«, Hodder Paperbacks/»Mit einem Schlag«, Knaur MensSana

3.2

WAS WOLLEN UNS
UNSERE GEFÜHLE SAGEN?

Gerade die sogenannten negativen Gefühle zuzulassen ist am Anfang gar nicht so leicht. Wenn wir sie empfinden, müssen wir zugeben, dass wir vielleicht Angst haben, neidisch, gestresst, überfordert, gelangweilt sind. Das Gute ist, wir müssen es ja erst einmal nur uns selbst gegenüber zugeben. Und wenn wir zu uns nicht ehrlich sein können, zu wem dann?

Dabei sind gerade die »schlechten« Gefühle besonders spannend. Angst ist zum Beispiel eines meiner Lieblingsgefühle. Also nicht in dem Sinne, dass ich sie gerne und jeden Tag fühlen will, sondern weil sie zwei besondere Eigenschaften besitzt. Zum einen ist sie ein Gefühl, das immer *vor* etwas entsteht. Wenn mir jetzt jemand eine Pistole an den Kopf hält, habe ich keine Angst vor der Pistole, sondern davor, dass derjenige, der sie hält, abdrückt. Wenn er das getan hat, habe ich keine Angst mehr vor dem Schuss, sondern – mit etwas Glück – davor, was die Kugel in meinem Körper anrichtet, und so weiter. Zum anderen verrät mir die Angst, dass ich für die Situation, der ich mich gegenübersehe, nicht gerüstet bin. Mir fehlen entweder Informationen oder Unterstützung – oder beides.

Stell dir vor, du stehst am Sonntag im Park und plötzlich schießt ein großer Hund auf dich zu – nur leider hast du keine Ahnung von Hunden und weißt nicht, ob er beißen oder nur spielen will. Also bekommst du Angst. Stünde eine hundeerfahrene Begleitung neben dir (Unterstützung), könnte sie dir sagen, ob du besser rennen oder dich darauf gefasst machen solltest, gleich stürmisch abgeschlabbert zu werden. Oder wenn du mehr über Hunde wüsstest (Information), könntest du die Situation selbst einschätzen.

Angst ist also eine tolle Freundin, die uns davor warnt, dass uns noch etwas fehlt, um die Situation, der wir uns gegenübersehen, zu meistern.

In Bezug auf Geld sind verbreitete Ängste, dass es nicht reicht und wir irgendwann ohne finanzielle Mittel dastehen, dass wir aus unserem Haus/unserer Wohnung rausmüssen oder unsere Schulden nie wieder loswerden. Wenn ich diese Ängste unterdrücke, mich ablenke, kann ich nichts gegen die möglichen Konsequenzen unternehmen. Wenn ich die Ängste jedoch zulasse und als Warnung akzeptiere, kann ich anfangen, etwas zu tun! Ich kann mir Wege überlegen, damit das, vor dem ich mich fürchte, nicht eintritt. Oder Alternativen finden für den Fall, dass es eben doch so weit kommt.

ALLE UNSERE GEFÜHLE SIND WICHTIG – AUCH DIE SOGENANNTEN NEGATIVEN GEFÜHLE.

Frei fließende Gefühle sind nicht schlimm. Sie laden uns ein, uns umzuschauen und Dinge zu sehen, die wir sonst nicht bemerkt hätten. Wenn wir uns trauen, sie zu fühlen, können wir verstehen, was sie uns sagen wollen.

Hier mal die im Zusammenhang mit Geld am häufigsten vorkommenden »negativen« Gefühle und ihre Bedeutung:

Angst

Angst warnt uns, dass uns Informationen und/oder Unterstützung fehlen, um die uns bevorstehende Situation zu meistern. Wenn wir Angst verspüren, können wir keine rationalen Entscheidungen treffen.

Doch woher kommt es, dass wir unter Angst irrational reagieren? Um diese Frage zu beantworten, müssen wir uns ein wenig mit den Vorgängen im menschlichen Gehirn und Körper beschäftigen.

Angst entsteht in unserem Gehirn in der Amygdala, die sich wiederum im vorderen Teil des Temporallappens befindet. Sie ist mit unserem Gehirnstamm verbunden, welcher der älteste Teil unseres Gehirns ist. In (echten oder als solchen empfundenen) Gefahrensituationen schickt die Amygdala ein Signal an unseren Gehirnstamm, der daraufhin Botenstoffe wie Dopamin und Adrenalin ausschüttet, die dafür sorgen, dass wir kämpfen, fliehen oder erstarren (uns totstellen) können, um die Gefahr abzuwehren.

Die Angst war ursprünglich da, um uns vor realen Gefahren zu warnen – zum Beispiel wenn auf einmal ein Säbelzahntiger vor uns stand. Dann sollten wir nicht lange nachdenken, was wir nun am besten tun, sondern einfach die Beine in die Hand nehmen und rennen. Unser sogenanntes rationales Denken ist in diesen Situationen erst einmal ausgeschaltet, und anstatt zu agieren, können wir nur reagieren. In den allermeisten Situationen, in denen wir heutzutage im Alltag Angst verspüren, sind Flucht, Kampf oder Erstarren jedoch nicht sonderlich hilfreich.

Was können wir also tun? Immer dann, wenn wir Angst

haben – wie unsinnig sie uns auch erscheinen mag –, müssen wir es erst einmal schaffen, unseren Gehirnstamm, auch Reptiliengehirn genannt, zu beruhigen, damit unser rationales Denken wieder einsetzen kann.

Interessanterweise hat der *Musculus psoas major* – der große Lendenbeuger, der unseren Rumpf mit unseren Beinen verbindet – über das Rückenmark eine direkte Verbindung zu unserem Reptiliengehirn. Was Sinn ergibt, denn es ist der Muskel, der es uns ermöglicht, unsere Beine zu bewegen, wenn wir fliehen, kämpfen oder auch (zwecks Verstecken) in die Hocke gehen wollen. Zudem ist er über Faszien mit dem Zwerchfell verbunden und wird aktiviert, wenn wir zum Beispiel vor Schreck scharf einatmen oder bei Stress schneller und flacher atmen. Nicht umsonst heißt der Psoas auch der »Seelenmuskel«. Viele Rücken- und Knieprobleme haben eine emotionale Ursache, die sich über die Verbindung zum Lendenbeuger körperlich bemerkbar macht. In meiner Familie gehört es schon fast zum guten Ton, als Frau Rückenprobleme durch seelischen Stress zu bekommen – und dann die Ursache zu ignorieren.

Das Reptiliengehirn ist über Nervenstränge aber auch mit unserem Zwerchfell und damit mit unserer Atmung verbunden. Auch das ergibt Sinn, denn bei Flucht, Kampf oder Erstarren passt sich unsere Atmung entsprechend an.

Weiter vorne habe ich gesagt, dass wir, wenn wir Angst haben, aber eine rationale Entscheidung treffen sollen, erst einmal unser Reptiliengehirn beruhigen müssen, damit es aufhört, seine Botenstoffe auszuschütten. Und dabei hilft uns diese Verbindung zum Zwerchfell. Wir können unser Gehirn über den Körper nämlich einfach austricksen.

ÜBUNG:
Sofort zur Ruhe finden

Egal, ob du gerade sitzt oder stehst, konzentriere dich darauf, auf vier Takte einzuatmen und auf sechs Takte auszuatmen. Mach das drei, vier Mal hintereinander. Merkst du, wie ruhig du wirst, wie geerdet du dich auf einmal fühlst? Diese Atemtechnik sorgt dafür, dass das Zwerchfell sich entspannt. In einer Angstsituation funkt es somit ans Gehirn, dass hier unten alles in Ordnung ist. Das wiederum beruhigt unser kleines Krokodil im Kopf, sodass es aufhört, unseren Körper mit Botenstoffen, die unsere Angst anfeuern, zu überschwemmen. Und, schwups, ist die richtige Ordnung im Kopf wiederhergestellt. Das Schöne an dieser Übung ist, dass wir sie überall anwenden können. Aufregung vor einem Vorstellungsgespräch? Check. Leichte Panik vor dem ersten Date? Check. Schwitzige Hände vor dem Betrachten des Kontoauszugs? Check. Einfach drei- bis fünfmal hintereinander länger ausatmen als einatmen, und schon kehrt Ruhe ein.

Zu was für wundersamen Veränderungen in unserer Wahrnehmung es führen kann, wenn wir die Angst zulassen und mit ihr reden, durfte ich mit einer Klientin erleben. Finanziell war es bei ihr wirklich knapp. Sie kam seit Monaten gerade so mit ihrem Geld hin, hatte aber einen neuen, besser bezahlten Job in Aussicht. Ihre Angst war, dass sie diesen Job doch nicht bekommt und aus ihrer Wohnung ausziehen muss – eine Vorstellung, die sie wirklich panisch gemacht hat. Mit den fünf »Was dann?« sind wir mit dieser Angst in Kontakt getreten.

ÜBUNG:
Die fünf »Was dann?«

Die fünf »Was dann?« sind eine Technik, sich seiner
Angst zu stellen und einen Weg aus ihr herauszufinden.
Und sie funktioniert genauso, wie sie sich anhört:
Wir fragen fünfmal »Was dann?« und gehen so immer
weiter in die Tiefe unserer Ängste.

> **HINWEIS: Wenn du unter Depressionen leidest
> oder wegen einer anderen psychischen Erkrankung
> in Behandlung bist, solltest du diese Übung auf
> keinen Fall allein machen, sondern nur unter pro-
> fessioneller Begleitung durch einen Coach oder
> Therapeuten deines Vertrauens.**

*Klientin: »Ich habe Angst, dass ich aus meiner Wohnung
rausmuss, wenn ich den neuen Job doch nicht bekomme.«*

Ich: »Und was dann?«

Klientin: »Dann säße ich erst mal auf der Straße.«

Ich: »Und was dann?«

*Klientin: »Nun ja, vermutlich würde ich mich vorher
doch schon nach was anderem umschauen. Aber das
wäre dann nicht so schön wie meine jetzige Wohnung
und vermutlich kleiner, sodass ich nicht alle Möbel
behalten könnte ...«*

Ich: »Und was dann?«

*Klientin: »Ein paar Sachen könnte ich vielleicht für
ein paar Euro verkaufen. Und eine kleinere Wohnung
bedeutet dann ja auch geringere Kosten.«*

Ich: »Und was dann?«

Klientin: »Wenn ich weniger Fixkosten hätte, würde

ich am Ende des Monats nicht immer zittern müssen,
dass es reicht.«

Ich: »Und was dann?«

Klientin: »Ich könnte vielleicht sogar anfangen, was
zurückzulegen. Und ich könnte meine Kinder finanziell
unterstützen. Vielleicht würde ich in einem neuen
Viertel auch neue Leute kennenlernen, und wer weiß,
was sich daraus ergeben kann ...«

Ihre Vision, was alles passieren könnte, wenn sie
aus ihrer Wohnung rausmüsste, wurde immer klarer,
bunter und ... leichter. Es hätte mich nicht gewundert,
wenn sie mir am nächsten Tag gesagt hätte, dass sie
die Wohnung gekündigt hat, um in ein kleineres
Apartment zu ziehen.

Diese Übung ist so stark, weil sie uns dazu zwingt,
tiefer zu gehen, richtig in unsere Angst einzutauchen –
und dort unten dann Alternativen zu finden, an die wir
nie denken würden, solange wir nur die Oberfläche
der Angst betrachten beziehungsweise uns schnell
von ihr abwenden.

Die meisten meiner weiblichen Klienten haben
durch diese Übung eine große Erleichterung erfahren.
Der drohende Jobverlust, der ihnen auf einmal Zeit
für das geben würde, was sie schon immer machen
wollten. Der befürchtete Wohnungswechsel, die
mögliche Trennung vom Partner ... In allem, wovor
wir Angst haben, steckt auch die Chance für einen
Neuanfang.

Lediglich zwei meiner männlichen Klienten sahen
sich am Ende dieser Übung – die sie wegen der Angst

vor dem Verlust ihres Jobs gemacht hatten — schlussendlich auf einer Parkbank beziehungsweise sprungbereit auf einer Brücke wieder. Und auch dieses Ergebnis war wichtig für unsere Zusammenarbeit, denn es zeigte, wie sehr sie sich über ihren Job definierten und dass es neben der Arbeit für sie keinen Lebenssinn gab. Was definitiv ein Thema ist, an dem man arbeiten sollte.

Zu einem ähnlichen Ergebnis kann auch kommen, wer unter traumatischen Ängsten oder Depressionen leidet. Deshalb noch mal der Hinweis: Mach diese Übung in einem solchen Fall nicht allein!

Ich erinnere mich noch sehr genau an den Tag, an dem mein Coach diese Übung mit mir gemacht hat. Kurz zuvor hatte ich das am Anfang erwähnte Schreiben vom Finanzamt erhalten und nun hatte ich Angst, mein Haus zu verlieren und auf der Straße zu landen. Durch die fünf »Was dann?« bin ich in meinen Gedanken mit meinen Hunden in Richtung Süden gewandert — wenn schon obdachlos, dann wenigstens irgendwo, wo es warm ist —, habe unterwegs mit Tellerwaschen oder Hundetraining Geld verdient, in Spanien irgendwo einen Zettel und einen Stift gefunden und schließlich angefangen, ein Buch zu schreiben.

Was soll ich sagen? Ich habe mein Haus nicht verloren, aber ein paar Jahre später verkauft, um mit meinen Hunden nach Spanien zu fahren und dieses Buch zu schreiben ... Die fünf »Was dann?« können unser Wegweiser zu dem sein, was wir uns wirklich wünschen.

Neid und Eifersucht

Diese beiden Gefühle beschreiben unterschiedliche emotionale Zustände, haben jedoch eine ähnliche Botschaft. Eifersucht ist die Reaktion auf (befürchtete oder tatsächliche) Untreue oder Verrat in einer intimen Beziehung, während Neid als Reaktion auf eine als unfair empfundene Verteilung von Ressourcen oder Anerkennung entsteht. Beide enthalten auch Anteile von Wut und Angst. Wenn wir Neid und Eifersucht unterdrücken, werden sie schnell von Schamgefühlen begleitet – eine sehr unangenehme Mischung, die es verhindert, dass wir uns Hilfe suchen, um die Situation zu lösen. Solltest du also Neid oder Eifersucht verspüren, nimm sie als Hinweis an, dass du dich bedroht fühlst. Dann kannst du die Situation (gerne auch mithilfe von Freunden) analysieren und schauen, wie du deine Grenzen wieder stärken kannst, um deine Sicherheit zurückzuerlangen.

Die Eifersucht erwähne ich nur, weil sie eine Seite des Neids ist. Beim Thema Geld spielt sie jedoch keine große Rolle, sondern eher in intimen, persönlichen Beziehungen zum Partner, zu Freunden oder zu Familienmitgliedern. Ihre Wurzel ist entweder ein Verrat der anderen Person oder das Gefühl der eigenen Wertlosigkeit beziehungsweise Unsicherheit in der Beziehung.

Neid hingegen beschränkt sich nicht auf enge Beziehungen. Wir können neidisch sein auf Menschen, die wir nur aus den Medien kennen, auf Kollegen, Fremde. Wer hat nicht schon mal an einem schönen Tag aus dem Bürofenster geguckt, jemanden auf einer Bank in der Sonne sitzen sehen und neidisch gedacht: *Das würde ich jetzt auch gern tun!* Die negative Seite des Neids nennt sich Missgunst – wir gönnen einem anderen nicht, was er hat. Doch Neid an sich kann eine starke Antriebskraft sein, wenn wir ihn richtig nutzen und von denen, die wir beneiden, lernen. Dies tun wir, indem wir uns folgende Fragen stellen:

Wie macht er oder sie das? – Wie verhält sich derjenige in den Situationen, die dir Schwierigkeiten bereiten?

Was genau tut er oder sie? – Welche Sprache, welche Hilfsmittel benutzt derjenige? Welche Motivation treibt ihn an?

Welchen Teil davon will ich auch? – Wir wollen meist nicht genau das, was der andere will, sondern nur einen Teil, der uns anspricht. Das kann man gut in Casting-Sendungen beobachten: Die Teilnehmer und Teilnehmerinnen wollen berühmt sein – sie wollen also den Teil »Erfolg«. Aber die harte Arbeit, das Üben, die vielen Absagen auf dem Weg zum Ruhm, das wollen sie nicht. Also welchen Teil dessen, was die von dir beneidete Person hat, willst du auch und welchen nicht?

Wenn du das weißt, kommt die letzte Frage:

Was muss ich tun, um das Gleiche zu erreichen? – Schreib die einzelnen Punkte so genau wie möglich auf. Nutze die positive Macht des Neids, um dir neue Ziele zu stecken und mutig auf sie zuzugehen. Und überprüfe zwischendurch, ob das wirklich deine aktuellen Wünsche sind oder ob du an etwas hängst, was eigentlich gar nicht mehr zu deinem Leben passt.

Elena, eine Klientin von mir, rief mich an, weil man mit einem Jobangebot an sie herangetreten war und sie sich mit mir auf die Honorarverhandlung vorbereiten wollte. Seit fünf Jahren organisierte sie für diese Firma einmal im Jahr eine Großveranstaltung. Ihr Traum war es immer gewesen, einmal den Job einer Kollegin zu übernehmen, die die Oberaufsicht über mehrere dieser Veranstaltungen innehatte.

»Ich habe sie um diese Arbeit beneidet«, erzählte sie mir. »Und ich habe alles getan, um als Nachfolgerin in Betracht gezogen zu werden, sollte diese Stelle einmal frei werden.«

Sie hatte also ihren Neid als positive Motivation genutzt. Und nun war der Tag da: Die Kollegin fiel für längere Zeit aus, und man fragte bei Elena an.

»Eigentlich hatte ich mir ja vorgenommen, dieses Jahr Nein zu der Veranstaltung zu sagen und mich mehr um mein eigenes Business und meine Familie zu kümmern«, erklärte sie mir. »Aber wenn die mich fragen, kann ich das doch nicht ausschlagen! Ich fürchte nur, dass sie zu wenig zahlen, und ich muss in der Zeit jemanden einstellen, der sich um meine Firma kümmert. Außerdem wäre ich oft unterwegs und nicht bei meiner Familie …«

Die Antriebsfeder »positiver Neid« hatte sie also zu diesem Punkt gebracht, doch im Laufe des letzten Jahres hatten sich ihre Prioritäten verschoben. Das, was sie immer gewollt hatte, könnte sie jetzt einen Preis kosten, von dem sie nicht sicher war, ob sie ihn zahlen wollte.

Und damit kommen wir zur wirklich letzten Frage, die wir uns beim Thema Neid stellen müssen: *Wie viel sind wir bereit aufzugeben, um das zu bekommen, was wir neiden?*

Bei Elena war es diese Frage, die ihr geholfen hat, eine Entscheidung zu treffen. Ja, der Auftrag wäre eine großartige Möglichkeit, aber nicht zu jedem Preis – und das war durchaus wörtlich zu nehmen. Sie hat durchgerechnet, was es sie kosten würde, eine freie Mitarbeiterin für die Zeit zu engagieren, in der sie nicht selbst zur Verfügung stehen konnte. Hinzugerechnet hat sie ihre eigenen Arbeitsstunden plus Zuschlag dafür, dass sie öfter von ihrer Familie getrennt wäre, plus ein wenig Spielraum für Verhandlungen. Die Summe, die dabei herauskam, fühlte sich für sie rund und richtig an. Mit dieser Einstellung hat sie ihr Angebot unterbreitet – und den Auftrag schlussendlich erhalten. Aber dadurch, dass sie ihre Motive hinterfragt und ihre Wünsche mit konkreten Zahlen hinterlegt hatte, war es ihr egal, ob sie den Auftrag erhält oder nicht. Denn die Alternative – ihre Firma weiter nach vorn bringen und Zeit für die Familie haben – war für sie genauso wertvoll.

3.2.3
Scham

Schuld- und Schamgefühle sind eine Form von Wut. Sie steigt in uns auf, wenn wir unsere eigenen Grenzen überschritten haben, indem wir etwas getan haben, von dem wir wissen oder glauben, dass es falsch ist. Wut ist nach außen gerichtet und hilft, deine Grenzen gegen äußere Einflüsse zu schützen. Schuld und Scham hingegen sind die Wächter, die dich nach innen vor deinem (gefühlten oder echten) falschen Verhalten beschützen. Sie laden dich ein zu hinterfragen, wieso du dich so verhalten hast – und ob es wirklich falsch war oder ob dir nur beigebracht wurde, es als falsch zu empfinden.

Scham empfinden wir, wenn wir gegen unsere eigenen moralischen Grundsätze verstoßen oder wenn wir fürchten, von anderen verurteilt zu werden. Wie kann es sein, dass ich trotz meines guten Gehalts am Ende jeden Monats tief im Minus bin? Was werden meine Eltern sagen, wenn sie erfahren, dass ich mit meinem Geld nicht zurechtkomme? Was werden die anderen Mütter denken, wenn ich meinem Kind kein Handy kaufen kann, was meine Kollegen, wenn sie mitbekommen, dass ich mir keine Markensachen leisten kann?

Wie Karla McLaren in ihrem Buch »The Language of Emotions«* beschreibt, gibt es zwei verschiedene Arten der Scham. Zum einen die gesunde oder auch authentische Scham, die uns verrät, dass wir gegen unsere eigenen Regeln verstoßen oder unsere eigenen Grenzen überschritten haben. (Wir möchten gerne mit unserem Geld auskommen, lassen uns aber immer wieder zu Ausgaben hinreißen, die uns in die Bredouille bringen.) Zum anderen die von außen auferlegte Scham. (Wir finden vielleicht, dass unser Kind noch zu jung für ein eigenes Handy ist, spüren aber einen gewissen Gruppenzwang, der – gepaart mit unserem finanziellen Engpass – dazu führt, dass wir uns schämen, weil unser Kind kein eigenes Handy hat, statt zu unserer Meinung zu stehen.)

Diese von außen auferlegte Scham sorgt dafür, dass wir die Kontrolle über unser Tun verlieren, weil wir uns am Außen orientieren. Damit rutschen wir nicht nur immer weiter in die Schamspirale hinein, sondern auch in immer größere finanzielle Probleme, weil wir mit etwas mithalten wollen, das wir uns nicht leisten können.

Auf die authentische Form der Scham jedoch sollten wir hören. Sie ist unser Kompass und verrät uns, wo wir uns nicht unseren eigenen moralischen und ethischen Grundsätzen konform verhalten. Wenn wir sie zulassen und ihr zuhören, schenkt sie uns so die Möglichkeit, unsere Fehler zu erkennen und zu korrigieren.

Wenn du also das nächste Mal Scham in dir aufkommen

---

* Karla McLaren, »The Language of Emotions: What Your Feelings are Trying to Tell You«, Sounds True Inc, Seite 197 ff.

spürst – mit den üblichen Begleiterscheinungen wie ein Ziehen im Magen, Hitzewallungen, Sprachlosigkeit und dem Drang, dich zu verteidigen –, halte inne und erde dich. Das geht wunderbar mit der oben erklärten Atmung: auf vier Takte einatmen, auf sechs Takte ausatmen. Spüre dabei, wie deine Füße auf dem Boden stehen und die Erde dich hält. Lass das Schamgefühl zu und höre darauf, was es dir sagt. Wenn es aufhört, bedanke dich bei dem Gefühl und korrigiere, was du tun oder sagen wolltest.

An dem Tag, an dem ich meine Website online stellen und in den sozialen Medien bewerben wollte, saß ich bestimmt drei Stunden beinahe regungslos vor dem Computer und habe mich nicht getraut, auf »Enter« zu drücken. Tausend Gedanken schossen mir durch den Kopf. Ich wusste, dass ich anderen Menschen helfen wollte, ihre Beziehung zum Geld zu verbessern. Aber was würden meine Bekannten denken oder sagen, wenn sie erführen, was bei mir los war? Würden sie hinter meinem Rücken über mich reden? Würden sie über mich lachen? Würden sie den Kontakt mit mir meiden?

Zwischen all dem Wirrwarr tauchte dann ein Gedanke auf, der mich aus der Starre gerissen hat: *Ich kann meine Geschichte besser (und witziger) erzählen als jeder andere, also tue ich es, bevor es ein anderer tut.* Wenn ich meine Geschichte offen erzähle, nehme ich allen anderen möglichen Geschichten über mich den Wind aus den Segeln. Ich habe mich quasi schon nackt gemacht, was soll also jemand noch Schlimmes über mich sagen können? Als ich meine Scham zugelassen habe, hat sie mir den Mut zur Verletzlichkeit geschenkt. Und Verletzlichkeit zu zeigen ist eine der größten Stärken, die wir haben.

ÜBUNG:
Erkenne die Scham

Wie erkennst du den Unterschied zwischen authentischer und von außen auferlegter Scham? Indem du dir deine schambehafteten Gedanken anschaust und prüfst, ob du etwas ändern kannst oder ob du fürchtest, die Erwartungen anderer nicht zu erfüllen.

Nimm dir Zettel und Stift und schreibe auf:
Ich schäme mich ...

»Ich schäme mich dafür, dass ich nach zehn Jahren in der Selbstständigkeit noch immer keine ausreichenden Rücklagen habe, um drei Monate ohne Einnahmen zu überstehen.« (ein Umstand, den du ändern kannst = authentische Scham)

»Ich schäme mich, mit meinem alten Auto bei Kundenterminen vorzufahren.« (Furcht, die Erwartung anderer nicht zu erfüllen = von außen auferlegte Scham)

Wenn du mit einem Gedanken kämpfst, der aus authentischer Scham entstanden ist, nutz den Mut, den diese Scham dir verleihen kann. Gib zu, was du nicht kannst. Gib zu, dass du etwas ändern willst. Und dann such dir jemanden, der dir dabei hilft.

»Ich schäme mich nicht mehr dafür, dass ich nach zehn Jahren in der Selbstständigkeit noch immer keine ausreichenden Rücklagen habe, um drei Monate ohne Einnahmen zu überstehen, weil ich einfach nicht weiß, wie ich es anstellen soll. Aber jetzt möchte ich es lernen. Kannst du mir helfen?«

UNSERE GEFÜHLE UND DAS GELD

Wie genau helfen uns unsere Gefühle denn nun dabei, die Beziehung zu unserem Geld zu verbessern?

Wenn es dir so geht, wie es mir und vielen meiner Klientinnen lange ging, dann hast du vermutlich auch schon mal versucht, deine Finanzen mithilfe eines Haushaltsbuchs in den Griff zu kriegen. Ich meine, das wird schließlich überall empfohlen, oder? Bei meinem letzten Umzug habe ich sage und schreibe zehn angefangene Haushaltsbücher in meinem Büro gefunden. Immer wieder habe ich mich voller Elan in die Aufgabe gestürzt, endlich meine Finanzen in den Griff zu kriegen. Ich habe minutiös alles aufgeschrieben, was ich ausgegeben habe – um dann am Ende des Monats die Übersicht zu sehen und zu denken: *Na super. Jetzt weiß ich, wo das Geld hin ist. Und nun?* Ich wusste einfach nicht, was ich mit den Informationen anfangen sollte.

Doch dann kam die Rettung in Gestalt dessen, was ich das »Gefühlshaushaltsbuch« nenne.

> *ZUERST EINMAL MÜSSEN WIR VERSTEHEN, DASS WIR ALS MENSCHEN MIT ALLEM, WAS WIR TUN, DENKEN UND SAGEN, NUR EINES VERFOLGEN: WIR WOLLEN ETWAS FÜHLEN – ODER NICHT FÜHLEN. DAS GILT AUCH FÜR ALLE FINANZIELLEN TRANSAKTIONEN, DIE WIR IM LAUFE UNSERES LEBENS TÄTIGEN.*

Geld ist nicht nur eine rationale Angelegenheit, sondern vor allem eine emotionale. Wir benutzen es, um unsere Gefühle zu steuern. Wir fühlen uns gestresst, also buchen wir eine Massage. Der Winter mit seinem grauen Himmel schlägt uns aufs Gemüt? Da ist der rote Mantel der perfekte Stimmungsaufheller. Wir fühlen uns alt, also kaufen wir uns eine teure Creme. Wir sind verliebt, deshalb darf es der knallrote Lippenstift sein.

Manche unserer Ausgaben passen zu unserem Gefühl – wir wollen es nicht verändern, sondern höchstens verstärken. Andere passen nicht zu unserem Gefühl – wir wollen etwas kaufen, um uns anders zu fühlen. Das Gefühlshaushaltsbuch hilft uns herauszufinden, welche Motivation hinter unseren Ausgaben steckt, und lässt uns die herausfiltern, die uns nicht guttun. Das Ziel unserer Arbeit mit Geld ist es, alles, was sich nicht gut anfühlt, aus unserem Leben zu entfernen. Anstatt uns also wie bei einem normalen Haushaltsbuch auf die Zahlen zu konzentrieren, schauen wir uns einfach nur an, welche Ausgaben sich für uns nicht gut anfühlen, und kümmern uns ausschließlich um die. So werden wir unsere Ausgaben verändern, ohne dass wir »den Gürtel enger schnallen«, »sparen«, »verzichten«, »kürzertreten« müssen. Das ist ein doppelter Gewinn: Wir entfernen etwas aus unserem Leben, was sich sowieso nicht gut anfühlt, und geben dabei noch weniger Geld aus.

Das wichtigste Werkzeug im Gefühlshaushaltsbuch ist das Gefühlsbarometer. Diese Skala mit den Werten von −10 bis +10 hilft uns, unsere Gefühle bei jeder Geldausgabe einzuordnen.

Das Gefühlsbarometer

In Bezug auf Geld gibt es vier verschiedene Zustände. In einem davon befinden wir uns bei jeder finanziellen Transaktion.

Die 4 Arten
des Geldausgebens

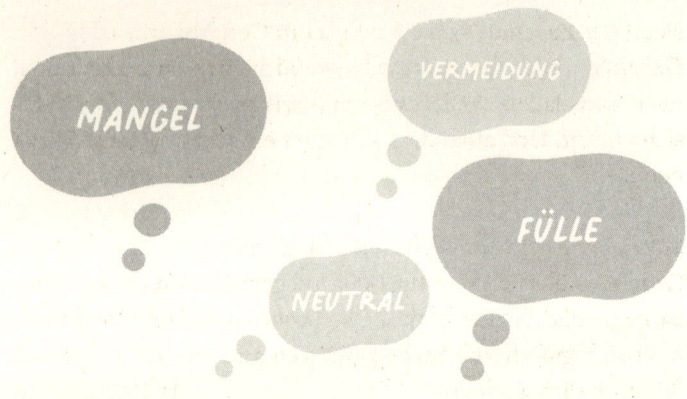

-10 -9 -8 -7 -6 -5 -4 -3 -2 -1 0 1 2 3 4 5 6 7 8 9 10

Hilflosigkeit	Erleichterung	Freude
Angst	Entspannung	Liebe
Schuldgefühle	Neutrales Gefühl	Dankbarkeit
Sorgen	Ruhe	Großzügigkeit
Wut	Frieden	Überfluss
Überwältigung	Zufriedenheit	Glück
Vorwürfe		Selbstbewusstsein
Eifersucht		Hoffnung
Missgunst		Entschlossenheit
Rache		Begeisterung
Gier		
Geiz		

Mangel (−10 bis −3 auf dem Gefühlsbarometer)
Gedanken über Ausgaben aus diesem Bereich sind, wie der Name schon sagt, von einem Gefühl des Mangels, des Widerstands und der Negativität geprägt. Du fühlst dich hierbei schlecht wegen des Preises oder der Sache, die du kaufst. Oder Stress, Neid, Angst etc. versetzen dich in eine negative Stimmung.

Neutraler Zustand (−2 bis +2 auf dem Gefühlsbarometer)
Gedanken über diese Ausgaben sind neutral und emotional nicht aufgeladen, weder was den Preis noch was die Sache an sich angeht. Und auch dein sonstiger emotionaler Zustand ist neutral.

Fülle (+3 bis +10 auf dem Gefühlsbarometer)
Gedanken über diese Ausgaben sind geprägt von Liebe, Dankbarkeit, Fülle, Großzügigkeit und positiv aufgeladen. Der Preis fühlt sich gut an, die Sache fühlt sich gut an, und emotional fühlst du dich auch gut.

Vermeidung (ebenfalls −10 bis −3 auf dem Gefühlsbarometer)
Erinnerst du dich, dass wir sogenannte negative Gefühle nicht empfinden möchten? Im Zustand der Vermeidung gibst du Geld aus, um etwas NICHT zu fühlen oder um ein Gefühl zu betäuben.

Der Klassiker des Vermeidungskaufs bei mir ist, dass ich am Bahnhof oder am Flughafen zu früh dran bin, kein Buch dabeihabe und mir deshalb Zeitschriften kaufe, um mich nicht zu langweilen. Andere Vermeidungskäufe tätigen wir, wenn wir uns nicht pleite, ausgeschlossen, überfordert, einsam oder gestresst fühlen wollen.

So wie Maren, eine Klientin, die alle zehn bis vierzehn Tage zu einem Termin in der Stadt musste und sich jedes Mal vorher einen Kaffee gekauft hat. Beim Führen des Gefühlshaushaltsbuchs hat sie festgestellt, dass sie diesen Kaffee immer mit −4 bis −5 bewertet. So richtig verwunderlich war das nicht, denn sie war eine wahre Kaffeefeinschmeckerin und hatte zu Hause nicht nur eine der besten Espressomaschinen, die man für Geld kaufen kann, sondern bestellte sich auch immer eine ganz besondere Mischung aus fair gehandelten Bohnen bei einem kleinen Händler. Ihre Frage war also weniger: »Wieso fühlt sich die Ausgabe für den Kaffee so schlecht an?«, sondern eher: »Wieso kaufe ich mir überhaupt jedes Mal einen Kaffee, obwohl er mir nicht schmeckt?«

Die Lösung war relativ einfach: Wenn sie zu ihren Terminen fuhr, war sie entweder zu früh dran – dann trank sie einen Kaffee, um die Zeit totzuschlagen –, oder sie war nervös – dann trank sie einen Kaffee, um sich zu beruhigen. (Kleiner Hinweis: Koffein ist hier nicht das beste Mittel.) Zwei ganz klassische Vermeidungskäufe. Was Maren eigentlich wollte, war nicht ein Kaffee, sondern Ablenkung zur Überbrückung der Wartezeit oder etwas, um ihre Nerven zu beruhigen. Seit sie das erkannt hat, hat sie für den Fall, dass sie zu früh dran ist, immer ein Buch dabei und eine Meditations-App auf dem Handy, die ihr, wenn sie nervös wird, dabei hilft, ruhig zu bleiben.

Die Art des Geldausgebens hat nichts mit dem Preis oder der Sache an sich zu tun, die wir erstehen. Günstige Dinge sind nicht automatisch im neutralen oder im Füllebereich, teure nicht automatisch im Mangelbereich.

Ich kaufe jetzt als Beispiel mal ein Brötchen auf alle vier Arten:

Fülle:
Ich bin super gelaunt, habe viel Zeit und gehe zu meinem Lieblingsbäcker. Als ich eintrete, sehe ich zwei meiner besten Freunde zusammensitzen und geselle mich zu ihnen. Dazu kriege ich das leckerste Rühreibrötchen der Stadt serviert. Als ich eine Stunde später wieder gehe, werfe ich ein paar Münzen in das Trinkgeldglas auf dem Tresen. Ich fühle mich großartig und bin sehr dankbar für mein tolles Leben und meine tollen Freunde. Ich befinde mich insgesamt in einem Zustand der Fülle – nicht nur in Bezug auf Geld, sondern auch in Bezug auf Unterstützung, Freundschaft, Zuneigung. Sowohl die Kosten für das Brötchen als auch das Trinkgeld sind eine Ausgabe im Bereich der Fülle gewesen.

Neutral:
Für eine längere Autofahrt will ich mir noch etwas zu essen mitnehmen, also halte ich schnell an dem kleinen Laden an der Ecke an und hole mir ein Brötchen. Weder über das Brötchen noch über den Preis mache ich mir großartig Gedanken. Mit der Tüte in der Hand springe ich wieder ins Auto und fahre los. Ich bin ruhig und entspannt. Dieses Brötchen ist eine neutrale Ausgabe.

Mangel:
Noch 15 Minuten bis zu meinem nächsten Klienten, und ich bin erschöpft, weil ich mal wieder keine Zeit hatte, um zu frühstücken. (Mangel an Zeit!) Also will ich mir zur Stärkung schnell ein Brot machen und stelle fest, dass ich nichts mehr

im Haus habe. Ich beschließe, runterzugehen und mir im Café um die Ecke ein belegtes Brötchen zu holen. Natürlich steht gerade jetzt eine lange Schlange vor dem Tresen, und jeder Kunde vor mir hat Extrawünsche. In mir steigt der Frust auf, und ich bin sauer auf mich selbst, weil ich nicht rechtzeitig für einen gut gefüllten Kühlschrank gesorgt habe. Als ich endlich dran bin – genau eine Minute, bevor mein Klient anruft –, gebe ich gehetzt meine Bestellung auf und werfe das Geld schon mal auf den Tresen, damit es schneller geht. Ich bin ungeduldig und frustriert. Auch wenn es in meinen Gedanken in diesem Moment nicht um das Geld geht, handelt es sich hierbei um eine Ausgabe im Mangelbereich.

Vermeidung:
Ich gehe jeden Samstagmorgen in die kleine Bäckerei in meiner Straße und kaufe mir ein Brötchen. Beim Führen des Gefühlshaushaltsbuchs stelle ich fest, dass ich dieses Brötchen jedes Mal mit –4 bis –5 bewerte, weiß aber nicht, warum. Ich beschließe daraufhin, mich beim nächsten Mal genauer zu beobachten, und stelle fest, dass ich eigentlich gar nicht auswärts ein Brötchen essen, sondern nur meine Ruhe haben möchte. Doch da freitags immer der Freund meiner Mitbewohnerin bei ihr schläft, habe ich keine Lust, am Samstagmorgen in der Küche das dritte Rad am Wagen zu sein, und flüchte mich lieber in die Bäckerei

DAS GEFÜHLSHAUSHALTSBUCH – AUSGABEN

In diesem Kapitel findest du eine Seite aus dem Gefühlshaushaltsbuch, wie ich es anwende. Es ist ganz einfach zu benutzen: Ab sofort schreibst du dir alles auf, was du am Tag an Geld ausgibst – sei es in bar oder mit Karte. Und mit »alles« meine ich alles: 30 Cent für ein Brötchen, Taschengeld für die Kinder, Tanken, Lebensmittel (hier nur die Gesamtsumme und nicht jeden einzelnen Posten). Du schreibst das in die entsprechenden Kästchen und kreuzt spontan(!) an, wie du dich dabei gefühlt hast. Welche Zahl entspricht dem Gefühl? Es ist nicht wichtig, ob es –4 oder –5 ist; in diesem ersten Schritt geht es um die generelle Richtung. Also denk nicht darüber nach, sondern nimm die Zahl, die dir als erste in den Kopf kommt. In der ersten Woche geht es erst einmal nur um deine Ausgaben. Warum es später wichtig ist, dich auch genauso um deine Einnahmen zu kümmern und sie zu bewerten, dazu kommen wir im Kapitel »Aufmerksamkeit«.

Wichtig ist in dieser ersten Woche, dass du dich nur beobachtest. Du musst noch nichts verändern. Ich finde, dass Neugierde hier der beste Begleiter ist. Beobachte dich, dein Verhalten und deine Stimmung einfach, als wärst du ein Forscher, der neben dir hergeht und alles vorurteilsfrei notiert. Und vergiss nicht, dir einmal pro Woche deine aktuellen Kontoauszüge aufzurufen oder auszudrucken und auch alle darauf aufgeführten Ausgaben entsprechend zu bewerten.

Führe die nächsten sieben Tage Buch über alle deine Ausgaben und notiere, wie du dich dabei gefühlt hast.

Ausgabe / Einnahme	Beschreibung	Betrag

-10 -9 -8 -7 -6 -5 -4 -3 -2 -1 0 1 2 3 4 5 6 7 8 9 10

Ausgabe / Einnahme	Beschreibung	Betrag

-10 -9 -8 -7 -6 -5 -4 -3 -2 -1 0 1 2 3 4 5 6 7 8 9 10

Ausgabe / Einnahme	Beschreibung	Betrag

-10 -9 -8 -7 -6 -5 -4 -3 -2 -1 0 1 2 3 4 5 6 7 8 9 10

Ausgabe / Einnahme	Beschreibung	Betrag

-10 -9 -8 -7 -6 -5 -4 -3 -2 -1 0 1 2 3 4 5 6 7 8 9 10

Ausgabe / Einnahme	Beschreibung	Betrag

-10 -9 -8 -7 -6 -5 -4 -3 -2 -1 0 1 2 3 4 5 6 7 8 9 10

Ausgabe / Einnahme	Beschreibung	Betrag

-10 -9 -8 -7 -6 -5 -4 -3 -2 -1 0 1 2 3 4 5 6 7 8 9 10

Ausgabe / Einnahme	Beschreibung	Betrag

-10 -9 -8 -7 -6 -5 -4 -3 -2 -1 0 1 2 3 4 5 6 7 8 9 10

Die Auswertung des Gefühlshaushaltsbuchs

Nun hast du eine Woche lang alles aufgeschrieben. Und jetzt? Jetzt kommt der Teil, der richtig Spaß bringt: Wir machen uns an die Auswertung! Das heißt, du schaust dir alle Ausgaben an, die du zwischen –10 und –3 eingeordnet hast, und stellst dir folgende Fragen:

Welches Gefühl hattest du bei der Ausgabe? Werde so spezifisch wie möglich. Wenn du das Gefühl nicht benennen kannst, schau auf das Gefühlsbarometer weiter oben.

Welchen Zweck hatte diese Ausgabe?

Welche Alternative gibt es zu dieser Ausgabe?

Es gibt vier Dinge, die du alternativ tun kannst:

1. Die Ausgabe zukünftig nicht mehr tätigen.

Beispiel: Du ärgerst dich über die Ausgabe für dein Zeitschriftenabo, weil du nicht dazu kommst, die Zeitschrift auch zu lesen, also kündige das Abo.

2. Du kannst die Ausgabe versuchen zu tauschen.

Ich habe mich immer über die Kosten fürs Heckenschneiden geärgert, weil der Gärtner nie kam, wann ich es wollte. Ein Freund von mir hat sich über die Kosten für die Erstellung seiner Umsatzsteuervoranmeldung geärgert. Wir haben dann ein Tauschgeschäft gemacht: Er hat die Hecke in meinem Garten geschnitten, und ich habe seine Umsatzsteuervoranmeldung gemacht. So haben wir beide das bekommen, was wir wollten, ohne dass wir dafür Geld ausgeben mussten.

3. Du kannst die Ausgabe verbessern.

Eine Klientin von mir hat sich jeden Morgen auf dem Weg zur Arbeit ein belegtes Brötchen beim Bäcker gekauft und sich jeden Morgen über diese Ausgabe geärgert. Es war ihr zu teuer, und richtig gut geschmeckt hat es auch nicht. Sie hat sich dann angewöhnt, besser einzukaufen, und ist jeden Morgen zehn Minuten früher aufgestanden, um sich zu Hause ein leckeres Sandwich oder Brötchen zu belegen, das sie mitnehmen konnte. Die Ausgabe hierfür hat sich wesentlich besser angefühlt.

Bei einigen Ausgaben fällt es uns schwerer, einen Weg zur Verbesserung zu finden, aber glaub mir, es gibt ihn. So habe ich meine vierteljährlichen Steuerzahlungen immer sehr negativ bewertet, bis ich angefangen habe, jedes Mal, wenn eine meiner Rechnungen bezahlt wurde, den entsprechenden Steueranteil davon sofort auf ein Extrakonto zu überweisen. Wenn nun die entsprechende Steuerzahlung ansteht, muss ich nur den Betrag auf mein Girokonto zurückholen und von da aus ans Finanzamt schicken. Aus einer Mangelausgabe ist durch diese Methode eine vollkommen neutrale Ausgabe geworden.

4. Du kannst die Geschichte zu der Ausgabe verbessern.

Manche Ausgaben lassen sich nicht vermeiden. Aber wir können die Geschichte, die wir uns dazu erzählen, verbessern. Ein beliebtes Beispiel sind Steuern. Ich kenne niemanden, der gern Steuern zahlt. Und auch mir sind bei der Überweisung früher oft Wörter wie »Wegelagerei« durch den Kopf geschossen. Das Problem ist: Wenn wir uns jedes Mal beim Zahlen der Steuern ärgern, ändert das nichts. Wir fühlen uns nur weiterhin ausgenutzt, über den Tisch gezogen oder betrogen. Wir fühlen uns wie ein Opfer, das keine Kontrolle darüber hat, was man mit uns macht. Doch das ist nur eine Geschichte. Deshalb müssen wir uns zuerst einmal darüber klar werden, dass wir *immer* eine Wahl haben.

Bleiben wir beim Beispiel Steuern:

- Du kannst dich entscheiden, nicht oder zu einem sehr geringen Lohn zu arbeiten.
- Du kannst weiter so arbeiten wie bisher und die Zahlung von Steuern verweigern. Dann gehst du irgendwann in den Knast.

Beides sind Optionen, die dir offenstehen. Den meisten von uns gefallen nur die Konsequenzen nicht, die mit diesen Optionen einhergehen.

Also ändern wir die Geschichte.

Jeder weiß: In dem Moment, in dem ich in Deutschland eine bezahlte Arbeit annehme, muss ich Steuern zahlen. Wenn ich diese Steuern als »mein« Geld betrachte, das mir der Staat »einfach wegnimmt«, fühle ich mich klein und schlecht.

Deshalb betrachte es doch mal so: Das Geld gehört gar nicht dir. Es wird dir nur überwiesen, damit du darauf aufpasst, bis das Finanzamt es braucht. *Dein* Geld war von Anfang an nur dein Nettoeinkommen. Alles andere verwaltest du für die verschiedenen Institutionen, die nötig sind, um unsere Infrastruktur aufrechtzuerhalten.

In meinem letzten Workshop während der Corona-Krise kam genau dieses Thema auf: Eine Teilnehmerin ärgerte sich über die hohen Abzüge von ihrem Gehalt. Vor allem die Steuern waren ihr ein Dorn im Auge. Eine andere Teilnehmerin berichtete dann, dass es ihr bis vor wenigen Wochen genauso gegangen war. Doch als sie in der Krise unkompliziert finanzielle Unterstützung vom Staat bekommen hat, damit sie als selbstständige Friseurin mit eigenem Laden überleben konnte, hat das ihre Sicht auf die Dinge radikal verändert. Zum ersten Mal wurde ihr bewusst, wie vielfältig die Steuern in Deutschland eingesetzt werden. »Ich hatte Tränen in den Augen, als ich daran dachte, dass ganz Deutschland mir in diesem Moment hilft.«

Ähnlich wie bei den Steuern kannst du bei anderen Ausgaben vorgehen, die nötig sind, dich aber nerven. Du musst keinen Strom bezahlen, du kannst auch ohne leben. Du musst nicht tanken, du kannst auch zu Fuß gehen, mit dem Fahrrad oder öffentlichen Verkehrsmitteln fahren. Du musst die kaputte Waschmaschine nicht reparieren lassen, du kannst auch mit der Hand waschen. Die Frage ist immer: Willst du das?

Eine weitere Möglichkeit, die Geschichte zu verbessern, ist die Kosten-Nutzen-Rechnung. Einer Klientin von mir fiel auf, dass sie ihre gesammelten Supermarkteinkäufe sehr oft negativ bewertete. In so einem Fall lohnt es sich, doch einmal die einzelnen Posten anzuschauen. Hierbei stellte meine Klientin fest, dass es nicht der Gesamteinkauf war, sondern der Preis für die Butter, der für sie alles negativ färbte. Also spielten wir durch, was sie tun könnte, um zu einem besseren Gefühl zu kommen.

Möglichkeit 1: zukünftig auf die Butter verzichten.

»Auf keinen Fall. Wenn ich mein Brot ohne Butter essen muss, bin ich so unerträglich wie andere ohne ihren morgendlichen Kaffee.«

Möglichkeit 2: Die Butter gegen etwas anderes eintauschen.

»Nee, das geht auch nicht. Aus demselben Grund wie bei der ersten Antwort.«

Möglichkeit 3: Eine bessere Geschichte über den Preis der Butter erzählen.

Hier half die Kosten-Nutzen-Rechnung. Sie kam vierzehn Tage mit einem Päckchen Butter aus. Die Butter kostete sie 1,99 Euro. Frage: Wäre sie gewillt, jeden Morgen 14 Cent zu bezahlen, um ein Brot mit Butter essen zu können? Ja, das war ihr die tägliche Butter wert. Und so war das Problem ganz schnell gelöst.

Diese Rechenweise bietet sich übrigens für alles an, bei dem wir unsicher sind, ob wir es kaufen sollen oder nicht. So habe ich damals die Entscheidung getroffen, mir eine hochwertige, dafür aber teure Matratze zu kaufen. Ich wusste, dass sie für meinen Rücken das Beste wäre, was ich tun kann, zuckte angesichts des Preises jedoch ein wenig zurück. Dann habe ich gerechnet: Ich bekam zehn Jahre Garantie auf die Matratze. Wäre es mir wert, jeden Abend einen Euro zu bezahlen, um auf ihr schlafen zu dürfen? Oh ja!

Beispielauswertung

Dies hier ist eine Seite mit Beispielen aus meinem Gefühlshaushaltsbuch:

Ausgabe / Einnahme	Beschreibung	Betrag
AUS	SUPERMARKT	172,00

-10 -9 -8 -7 -6 -5 -4 -3 -2 -1 0 1 2 3 4 5 6 **✗** 8 9 10

Ausgabe / Einnahme	Beschreibung	Betrag
AUS	FRISEUR	120,00

-10 -9 -8 -7 -6 -5 -4 -3 -2 -1 0 1 2 3 4 **✗** 6 7 8 9 10

Ausgabe / Einnahme	Beschreibung	Betrag
AUS	HUNDEFRISEUR	30,00

-10 -9 -8 -7 -6 -5 **✗** -3 -2 -1 0 1 2 3 4 5 **✗** 7 8 9 10

Ausgabe / Einnahme	Beschreibung	Betrag
AUS	GEZ	17,50

-10 -9 -8 -7 **✗** -5 -4 -3 -2 -1 0 1 2 3 4 5 6 7 8 9 10

Ausgabe / Einnahme	Beschreibung	Betrag
AUS	ESSEN GEHEN	32,90

-10 -9 -8 -7 -6 -5 -4 -3 **✗** -1 0 1 2 3 4 5 6 7 8 9 10

Ausgabe / Einnahme	Beschreibung	Betrag
AUS	ESSEN GEHEN	75,00

-10 -9 -8 -7 -6 -5 -4 -3 -2 -1 0 1 2 3 4 5 6 7 **✗** 9 10

Ausgabe / Einnahme	Beschreibung	Betrag
AUS	UMSATZSTEUER	1 230,00

-10 -9 -8 -7 -6 -5 -4 -3 -2 -1 **✗** 1 2 3 4 5 6 7 8 9 10

Supermarkt: totale Fülle, weil ich es endlich gemeistert habe, auf Vorrat einzukaufen und jetzt für die nächsten zehn Tage ausreichend Essen und Getränke im Haus habe, um mir keine Gedanken übers Einkaufen machen zu müssen.

Friseur: Ich gehe zwei-, maximal dreimal im Jahr zum Friseur, und für mich ist das jedes Mal wie eine kleine Auszeit – drei Stunden kümmert sich jemand nur um mich, und dazu gibt es noch eine Kopfmassage.

Hundefriseur: Auf der einen Seite eine Mangelausgabe, weil ich weiß, wie sehr es meine Hündin stresst, und ich die ganze Stunde über angespannt vor dem Laden hin und her laufe. Auf der anderen Seite sind wir beide danach immer sehr glücklich, sodass es im Endeffekt eine positive Ausgabe ist.

GEZ: Ich bin nicht die Hauptmieterin meiner Wohnung in Hamburg, aber irgendwie trotzdem für die GEZ-Gebühr zuständig. Das nervt mich. Hier hilft mir eine Änderung der Geschichte. Ich zahle die GEZ für den Hauptmieter, dafür laufen über sein Konto alle Kosten für meine Website und die E-Mail-Accounts. Das gleicht sich also aus.

Essen gehen 1: Ich hatte richtig Lust, essen zu gehen, doch dann war der Service schlecht, und das Essen hätte ich zu Hause besser hinbekommen. Fazit: Das Restaurant werde ich nicht wieder besuchen.

Essen gehen 2: Mit meinem Liebsten in einem tollen Restaurant während eines Kurzausflugs nach Valencia. Wunderbares Essen, großartiger Service und leckere Getränke. Da macht es auch nichts, dass es beinahe doppelt so teuer war wie in dieser Gegend üblich.

Umsatzsteuer: Die Umsatzsteuer ist nun wirklich Geld, das mir nicht gehört. Ich reiche einfach weiter, was ich erhalten habe – für mich eine vollkommen neutrale Ausgabe.

Lass dir am Anfang Zeit mit der Auswertung. Mach es dir zu Hause so gemütlich wie möglich, sodass du dich wirklich wohlfühlst. Vielleicht in deinem Lieblingssessel mit einem Tee oder Kakao und einer Decke oder im Sommer auf der Terrasse mit den Füßen im Gras. Wenn du merkst, dass du bei einem Posten nicht weiterkommst, leg ihn erst einmal zur Seite und kehre später zu ihm zurück.

Wenn du weder auf eine Ausgabe verzichten noch sie durch etwas anderes ersetzen oder sie verbessern kannst, dann suche nach irgendetwas Positivem, das du mit der Ausgabe verbinden kannst. Beispiel Benzin: Wenn ich nicht mit dem Auto fahren würde, bräuchte ich für die Fahrt zur Firma eine Stunde länger/müsste ich die Einkaufstüten auf dem Heimweg im Bus mitschleppen.

Ich will dir nichts vormachen: Diese Übung ist anfangs nicht leicht, und vielleicht bist du zwischendurch geneigt aufzugeben. Du wirst einen ganz neuen Einblick in dein Leben bekommen und dabei vielleicht Dinge über dich erfahren, die du lieber nicht wissen wolltest. Aber wenn es dir ernst damit ist, eine gesunde Beziehung zum Geld aufzubauen, ist es wichtig, dass du lernst, ehrlich zu dir zu sein. Erst dann wird es dir gelingen, das zu ändern, was dir nicht gefällt.

3.4.3
Marlene und der Kaffee

Mir fällt gerade auf, dass Kaffee vielen meiner Klientinnen ein Aha-Erlebnis geschenkt hat. So wie Marlene, einer Klientin, mit der ich in Spanien gearbeitet habe. Sie und ihr Mann haben in Frankreich ein großes Fortbildungszentrum für Geschäftsleute, zu dem auch ein spezielles Retreat-Haus in Spanien gehört. Kurz bevor Marlene zu mir kam, hatten sie und ihr Mann sich zusammengesetzt und ein paar Entscheidungen zu ihrer Firma getroffen. Dazu gehörte, dass sie ihre privaten und geschäftlichen Finanzen stärker trennen wollten. Also beschlossen sie, dass es nur noch eine Firmenkreditkarte geben würde, die ausschließlich für Flugbuchungen und Ähnliches genutzt werden sollte, aber nicht mehr unterwegs.

In unserer ersten Sitzung habe ich Marlene das Gefühlshaushaltsbuch zur Aufgabe gemacht. Als wir uns zwei Wochen später wiedertrafen, fragte ich sie, wie es gelaufen sei und ob es irgendetwas Auffälliges an ihren Ausgaben gegeben habe.

Die Antwort lautete: »Das ist so albern, ich mag es gar nicht laut aussprechen.«

Kleiner Hinweis an dieser Stelle: Wenn du den Gedanken »Das ist so albern/lächerlich/dumm« hast – das ist es nicht. Gerade dann guck genau hin. Warum?

Kehren wir zu Marlene zurück. Sie hatte eine Ausgabe von 4,60 Euro für einen Kaffee im Flugzeug nach Frankreich mit –5 bewertet. »Ich weiß gar nicht, warum. 4,60 Euro ist ja nun echt nicht die Welt. Aber diese Ausgabe nervt mich heute noch, zwei Wochen später. Keine Ahnung, weshalb.«

»Keine Ahnung« ist das nächste Signal, genauer hinzuschauen. Der einzige Mensch, der weiß, warum sich etwas für dich blöd anfühlt, bist du. »Keine Ahnung« gilt also nicht – auch nicht für Marlene.

Nach mehreren Ausweichmanövern und Umwegen sind wir der Sache auf die Spur gekommen. Marlene war genervt, weil sie so viel für die Firma tut, »und jetzt hab ich nicht mal mehr eine Firmenkreditkarte und muss den blöden Kaffee selbst bezahlen.« Sie fühlte sich nicht wertgeschätzt, auch wenn sie die Entscheidung mit der Kreditkarte mitgetroffen hatte.

Im Laufe des Gesprächs stellte sich heraus, dass sie in der Firma inzwischen viele Aufgaben übernommen hatte, für die eigentlich ihre Mitarbeiter da waren, sodass sie für die Bereiche, in denen sie gut war und die das Geld einbrachten, kaum noch Zeit und noch weniger Energie hatte. Und dann durfte sie den Kaffee auch noch selbst bezahlen! Da wäre ich auch frustriert gewesen.

Doch dank des kleinen Kaffees hat sie gesehen, was im Moment in ihrer Firma alles nicht richtig läuft. Also ist sie wieder zurück nach Frankreich geflogen und hat begonnen, die Firma umzustrukturieren. Unter anderem hat sie eine Mitarbeiterin versetzt und für eine weitere einen neuen Posten geschaffen, sodass sie selbst sich wieder mehr um ihre Stärken und Aufgaben als Firmenchefin kümmern konnte.

Ich sage ja immer, Geld ist wie ein Spiegel, der dir zeigt, wo du strauchelst und wo du erfolgreich bist. Jetzt möchte ich noch eine weitere Metapher hinzufügen, die mir aufgrund dieser Situation in den Sinn gekommen ist: Geld ist wie der Strahl einer Taschenlampe. Es erhellt einen bestimmten, kleinen Bereich (in diesem Fall den Kaffeekauf), der uns im ersten Moment nichts sagt, außer dass wir uns wundern, warum wir uns so darüber aufregen. Wenn wir aber die Deckenlampe anmachen, sehen wir auf einmal, dass das Licht der Taschenlampe nur ein winziges Detail eines Raumes gezeigt hat, in dem sehr viel mehr steckt, als wir geahnt haben. Im Licht dieser Deckenlampe können wir uns das nun alles in Ruhe anschauen und überlegen, was davon wir nicht mehr brauchen, was wir verändern wollen und was bleiben darf. So wie Marlene es mit ihrer Firma gemacht hat.

4.
Liebe

Wenn wir über Gefühle sprechen, darf eins natürlich nicht fehlen: die Liebe. Sie ist eine der wichtigsten Säulen in jeder Beziehung in unserem Leben, und es gibt sie in vielen Formen: romantische Liebe, platonische Liebe, Mutterliebe, Vaterliebe, Geschwisterliebe, die Liebe zu einem Freund oder einer Freundin. Wir lieben sogar unsere Arbeit, unsere Haustiere und unsere Autos.

Es gibt nur eine Form der Liebe, die ein wenig schwierig ist. Welche? Dazu kommen wir gleich. Zuerst einmal eine Frage: Wann hast das du das letzte Mal »Ich liebe dich« gesagt? Und zu wem?

Ich sage es jeden Abend zu meinem Hund, bevor wir ins Bett gehen.

Und wann hast du das letzte Mal »Ich liebe dich« gesagt und dabei in den Spiegel geschaut?

Ich begrüße zum Beispiel jeden Menschen, den ich treffe, mit einem Lächeln: Verkäuferinnen, Busfahrer, Kolleginnen, Freunde, Fremde auf der Straße. Aber was mache ich, wenn ich morgens in den Spiegel schaue? Definitiv nicht lächeln.

Von klein auf habe ich gehört: »Nimm dich nicht so wich-

tig, du bist nichts Besonderes.« Und meine Eltern und Großeltern hatten recht, ich bin nichts Besonderes. Nur, wieso behandle ich mich dann so, als wäre ich es? Wieso behandle ich
mich schlechter als alle anderen Menschen in meinem Leben?
Wieso kann ich mir nicht mal morgens ein Lächeln schenken?

Weil es eben diese Form der Liebe gibt, die für die meisten
von uns ein bisschen schwierig ist: die Selbstliebe.

Wenn ich dir sage: »Ich liebe meinen Partner«, dann erwartest du nicht, dass er der perfekte Supermann ohne Fehler ist,
oder? Du würdest einfach davon ausgehen, dass er ein ganz
normaler Mann mit Stärken und Schwächen ist, in den ich
mich zufällig verliebt habe.

Aber wenn ich dir sage: »Ich liebe mich«, dann wird es irgendwie komisch. Das klingt so egoistisch, ja, beinahe narziss-
tisch.

Obwohl wir schon tausendmal gehört haben, dass wir uns
selbst lieben müssen, bevor wir einen anderen Menschen lieben oder von anderen geliebt werden können, ist das oft nicht
mehr als ein Gedankenkonstrukt. Vom Kopf her wissen wir
es, aber wir fühlen es nicht in unserem Körper. Wir haben
diese absurd hohen Ansprüche an uns, die es uns unmöglich machen, uns einfach so anzunehmen, wie wir sind. Wir
mögen vielleicht unsere Augen oder unseren Po, wissen, dass
wir ganz gut darin sind, Sprachen zu lernen oder schwierige
Berechnungen in Excel anzustellen. Aber wir lachen auch zu
laut, können nicht singen, haben Angst vor Spinnen und eine
zu große Nase. Wir sind zu unorganisiert, langweilig, haben
nicht studiert, sind zu klug, zu fordernd, zu zurückhaltend.
Kurz, wir finden immer etwas an uns auszusetzen, sodass das
Gesamtbild nicht ein »Ich liebe mich!« wert ist.

Und wenn du schon glaubst, »Ich liebe mich« zu sagen ist

schwer, dann solltest du mal versuchen zu sagen: »Ich liebe mein Geld!« Auf einer Party hast du danach das Büfett ganz sicher für dich allein. Denn Geld zu lieben ist in den Augen der meisten Menschen noch anstößiger als zu sagen, dass man gerne mal einen Dreier ausprobieren würde.

LIEBE IST EINE ENTSCHEIDUNG

Wir glauben, dass Liebe etwas ist, das uns passiert. Etwas, das wir nicht bestimmen können, eine chemische Reaktion (wissenschaftlich betrachtet) oder eine Fügung des Schicksals (romantisch betrachtet). Doch für unsere Beziehung zu unserem Partner, zu uns selbst und zu unserem Geld ist Liebe vor allem eins: eine Entscheidung. Und diese Entscheidung dürfen wir jeden Tag aufs Neue treffen.

In meinem Onlinekurs gibt es für jeden Tag eine Frage zum Thema Geld. Eine davon lautet: Bist du bereit, Geld zu lieben?

Diese Frage hat eine meiner Teilnehmerinnen gehörig aus dem Konzept gebracht. »Ich arbeite daran, zu akzeptieren, dass ich ohne Geld in dieser Welt nicht zurechtkomme und dass es vermutlich besser läuft, wenn ich lerne, Geld zu tolerieren. Aber es lieben?«

Natürlich war ihr diese Vorstellung fremd. Marie hat an dem Kurs teilgenommen, weil sie eben keine gute Beziehung zum Geld hatte, und nun fürchtete sie, nach drei Wochen des langsamen Herantastens an das Thema schon in der Lage sein zu müssen, ihr Geld zu lieben. Das sollte sie natürlich nicht. Es ging um ihre Bereitschaft, diese Liebe überhaupt für die Zukunft in Betracht zu ziehen.

Schauen wir uns mal an, wie sich eine normale Beziehung entwickelt. Man lernt jemanden kennen, findet sich ganz sympathisch. Man unterhält sich, verabredet sich für ein weiteres Treffen. Und noch eins und noch eins. Man unternimmt Dinge miteinander, lernt den anderen nach und nach kennen. Und irgendwann ist da dieses Gefühl: Ich mag denjenigen oder diejenige. Der andere Mensch nimmt langsam einen immer größeren Platz in den Gedanken und Gefühlen ein; man erlebt etwas Schönes oder Blödes und will es sofort mit dem anderen teilen. Man schmiedet gemeinsame Pläne, fasst Vertrauen. Man ist für den anderen da – und umgekehrt. So vergehen erst Wochen, dann einige Monate, und wenn es gut läuft, ist da der Moment, in dem einem bewusst wird: Ich liebe ihn. Oder sie.

Diesen Punkt erreicht man normalerweise nicht nach ein paar Tagen oder wenigen Wochen. Ich kannte mal einen Mann, der nach drei Wochen schon ständig »Ich liebe dich« gesagt und »Liebst du mich?« gefragt hat. Das war kein gutes Gefühl. Ich dachte: *Du kennst mich doch noch gar nicht wirklich, wie willst du mich da lieben?* Ein aufrichtiges »Ich liebe dich« benötigt Zeit, um zu wachsen, um seine Wurzeln fest ins Vertrauen zu graben.

Sich zu verlieben ist eine chemische Reaktion im Gehirn. Doch jemanden zu lieben, das ist eine Entscheidung, die wir treffen, wenn sich alle uns wichtigen Komponenten richtig anfühlen. Und mit »richtig anfühlen« meine ich nicht, dass alles perfekt ist. Oder doch – aber unsere Vorstellung von perfekt, die nichts mit objektiver Perfektion zu tun hat. Denn Perfektion ist steril, ist eine Musterhaussiedlung an der Autobahnabfahrt. Perfektion ist, wenn ich Bilder in Wohnzeitschriften sehe und denke: *Aber wo sind die Kabel für die Lampen, den Fernseher, den Computer?*

Meine Vorstellung von perfekt ist, dass etwas in mein Leben passt. Dass es die nötigen Ecken und Kanten hat, um sich nahtlos mit meinen Ecken und Kanten zu verbinden, und an den Stellen, wo es nicht so nahtlos läuft, eine Reibung zu erzeugen, die mich wärmt und dazu bringt, darüber nachzudenken, welche Ecken ich behalten, welche Kanten ich abschleifen will. Meine Vorstellung von perfekt ist, dass mich die Beziehung dazu ermutigt, die beste Version meiner selbst zu sein.

Was bedeutet das jetzt für unsere Selbstliebe – und für unsere Liebe zum Geld? Dass wir es genauso machen wie mit einem Partner. Interesse haben, kennenlernen, Zeit mit uns allein und Zeit mit unserem Geld verbringen. Unsere Stärken und Schwächen kennen- und mögen lernen. Und irgendwann die Entscheidung treffen: Ich liebe mich. Ich liebe mein Geld.

Um das zu erreichen, sollten wir aufhören, uns für das, was wir als nicht perfekt ansehen, zu entschuldigen oder gar zu geißeln. Wir alle tun jeden Tag das Beste mit dem, was uns zur Verfügung steht. Im Rückblick ist es immer leicht, zu sagen: »Hätte ich das doch nur anders gemacht.« Aber wenn du es in dem Moment anders hättest machen können, hättest du es getan! Jetzt weißt du mehr, deshalb würdest du es *jetzt* anders machen. Aber damals hast du das getan, was du mit den dir zur Verfügung stehenden Informationen für das Beste gehalten hast.

Du bist jetzt an einem Punkt in deinem Leben, an dem du etwas ändern möchtest. Dazu schaust du dir die Dinge an, die dir in der Vergangenheit nicht gefallen haben. Das ist tapfer. Das ist mutig. Und dazu möchte ich dir zwei Sätze ans Herz legen:

SEI LIEB ZU DIR.

Denk an den Anfang einer Beziehung mit einem anderen Menschen – da nimmst du auch nicht gleich das Schlechteste an, weil jemand gestolpert ist, sein Eis hat fallen lassen, vor Aufregung ins Stottern geraten ist. Genauso machst du es ab jetzt mit dir. Du beginnst eine neue Beziehung mit dir, und da bist du genauso lieb und nachsichtig wie mit jedem anderen Menschen, den du kennenlernst und eigentlich ganz sympathisch findest.

Es ist ein seltsames Phänomen in unserer Gesellschaft, dass wir uns, wenn wir einen Fehler begehen, danach noch selbst bestrafen. Das wurde mir sehr bewusst, als ich vor ein paar Jahren an einem Workshop mit einem Coach teilgenommen habe, die mit Pferden gearbeitet hat.

Unsere Gruppe von vier Leuten bekam die Aufgabe, auf eine bestimmte Art und Weise zu versuchen, einem Pferd ein Halfter anzulegen. Wir mussten uns in einer Reihe unterhaken, und die beiden Teilnehmer am äußeren Rand durften nur ihre jeweils freie Hand bewegen. Von den beiden in der Mitte durfte einer nur Anweisungen geben, was die beiden »Hände« tun sollten, während der andere lediglich die Richtung ansagen durfte, in die wir uns bewegen sollten.

»Überlegt euch, was ihr als Gruppe macht, wenn einer von euch etwas tut, was er nicht tun soll«, forderte der Coach uns auf.

Wir steckten fünf Minuten die Köpfe zusammen und überlegten, was wir tun könnten: Eine Runde um den Stall laufen? Eine Pferdebox ausmisten? Zwanzig Liegestütze auf der Weide? Wir entschieden uns für zehn Sit-ups im Gras. Dann legten wir los.

Vielleicht hatten wir Glück, vielleicht waren wir auch einfach ein gutes Team. Wie auch immer, wir lösten die gestellte

Aufgabe ohne Patzer. Danach fragte der Coach, was wir uns denn für den Fall eines Fehlers überlegt hatten.

»Zehn Sit-ups im Gras.«

Sie sah uns an und sagte: »Ihr wisst schon, dass ihr euch auch hättet entscheiden können, euch in der Gruppe zu umarmen und zu sagen: ›Kommt, noch ein Versuch, wir schaffen das!‹, oder: ›Lasst uns fünf Minuten Pause machen und einen Kaffee trinken.‹«

Äh, nein. Das haben wir nicht gewusst, dieser Gedanke ist uns noch nicht mal ansatzweise gekommen. Aber wie viel besser wäre es, wenn wir uns nach einem Fehlschlag nicht noch selbst oder gegenseitig niedermachen, sondern aufbauen würden? Wenn wir uns etwas richtig Gutes tun würden, nachdem etwas schiefgelaufen ist, statt uns dafür auszuschimpfen?

Probiere es einmal aus. Wenn du das nächste Mal etwas tust, für das du dich am liebsten selbst schütteln würdest, setz dich hin und trink einen heißen Kakao. Oder kuschele dich fünf Minuten in deine Lieblingsdecke. Riech an deinem liebsten Parfüm. Iss ein Stück Schokolade. Das macht den Fehler zwar auch nicht ungeschehen, aber es sorgt dafür, dass du dich besser und nicht noch schlechter fühlst.

SEI NEUGIERIG.

Wenn du deine Verhaltensweisen anschaust, frag nicht mit genervtem Unterton: »Wie konnte ich nur so dumm sein?«, sondern frag dich neugierig: »Wieso habe ich das gemacht?« Als wärst du der weiter vorne schon erwähnte Forscher, der dich begleitet und dein Verhalten und Denken interessiert beobachtet, ohne es zu bewerten.

Ganz besonders gilt das für die Sachen, die du als Problem betrachtest. Hier ist Neugierde dein bester Partner. Frag dich einmal: »Für welches Problem ist mein aktuelles Denken oder Verhalten eine Lösung? Was muss ich nicht tun, wenn ich weiter an diesem Glaubenssatz oder Verhalten festhalte?«

Die Sache ist die: Die meisten unserer jetzt problematischen Verhaltensweisen waren mal die Lösung für ein anderes Problem. Wir haben sie zu unserem Schutz entwickelt.

Dass du heute wahnsinnig zurückhaltend bist und in Konferenzen gerne das Wort den anderen überlässt, mag aktuell ein Problem sein. Doch wo kommt es her? Wovor hat dich die Zurückhaltung mal geschützt?

Vielleicht bist du in einer Familie aufgewachsen, in der dein Vater deiner Mutter immer über den Mund gefahren ist, wenn sie einen Vorschlag gemacht hat (oder auch umgekehrt). Deine Beobachtung als Kind war: »Wenn ich nichts sage, bin ich sicher.« Und so hast du deine Zurückhaltung als Schutz entwickelt.

Dieser Schutz ist heute nicht mehr nötig, deshalb empfindest du ihn als Problem. Doch mit der Frage »Für welches Problem war mein Verhalten eine Lösung?« kannst du Mitgefühl für dein jetziges Problem entwickeln. Du kannst sehen, dass es *für* dich da war, nicht gegen dich. Du kannst dich liebevoll bei dieser einst nötigen Lösung bedanken und anfangen, sie loszulassen. Und bald schon wirst du dich trauen, vor anderen Menschen auch mal etwas zu sagen.

Wenn du dich nicht erinnern kannst, wieso du dein heutzutage als Problem empfundenes Verhalten entwickelt hast, gibt es eine weitere Frage, die dir helfen kann, es abzulegen, und zwar: »Was muss ich nicht tun, wenn ich diese Sache weiter glaube beziehungsweise mich weiter so verhalte?« Wovor beschützt dich dein problematisches Denken oder Handeln?

Carola liebte ihren Job als freiberufliche Grafikerin, verdiente aber immer nur gerade genug Geld, um ihre Lebenshaltungskosten zu decken. Mit Ende zwanzig war sie immer noch darauf angewiesen, ab und zu von ihren Eltern etwas Geld zugesteckt zu bekommen.

Als sie zu mir kam, stand eine Honorarverhandlung mit einem neuen Kunden an. Sie war verzweifelt, weil sie wieder kurz davor war, ein zu niedriges Angebot abzugeben, wusste aber nicht, wie sie das ändern sollte.

Die erste Frage war also: »Was genau ist dein Problem?«

Sie sagte: »Dass ich immer zu niedrige Preise ansetze und so zwar immer viel Arbeit, aber am Ende des Monats kein Geld auf dem Konto habe.«

»Was musst du nicht tun, wenn du dich weiter so verhältst? Wovor beschützt dich dieses Verhalten?«

Die Frage zu beantworten dauerte etwas länger. Doch irgendwann kam sie darauf, dass sie, wenn sie vernünftig kalkulieren würde, keinen Zuschuss ihrer Eltern mehr bräuchte. Doch für sie war dieser Zuschuss ein Ausdruck der Zuneigung. Oder wie sie es ausdrückte: »Durch meine Bedürftigkeit bekomme ich Zuwendung.« Und diese Zuwendung wollte sie nicht verlieren.

Im weiteren Verlauf unseres Coachings stellte sich heraus, dass dieser Gedanke in einer Zeit entstanden war, in der ihre Eltern ihre Firma aufgebaut hatten und kaum Zeit für ihre Tochter übrig gewesen war. Mit Geld hatten sie dafür gesorgt, dass es ihr an nichts fehlte – die mangelnde persönliche Zuneigung sollte damit ausgeglichen werden.

Doch inzwischen hatte Carola eine komplett andere Beziehung zu ihren Eltern. Sie sahen sich regelmäßig, nahmen sich Zeit füreinander und lebten das, was Carola als Kind gefehlt hatte. Sie hat erkannt, dass sie ihre Bedürftigkeit gar nicht mehr benötigte, um Zuwendung zu erhalten. Dadurch hat sie zwar nicht von einem auf den anderen Tag den Mut gehabt, ihre Preise so anzusetzen, wie sie wollte. Aber sie hat einen Schritt nach dem nächsten in diese Richtung getan und kann jetzt endlich auch mal von ihrem Ersparten in den Urlaub fahren.

4.2

LIEBE HEISST,
GRENZEN ZU SETZEN

Wenn du dich mit Neugierde beobachtest, wirst du vermutlich feststellen, dass es Verhaltensweisen deiner Mitmenschen gibt, die dich nerven. Ich erinnere mich an eine Kollegin, mit der ich vor Jahren in einer Agentur zusammengearbeitet habe. Sie war so ein Mensch, der morgens um sechs die Augen aufschlägt und gleich tausend Fragen hat. Ich hingegen bin jemand, der sich vor halb neun Uhr morgens fragt, wie zum Teufel er die Augen überhaupt aufkriegen soll. Wir hatten Gleitzeit, was bedeutete, sie hat morgens um sieben Uhr angefangen zu arbeiten, ich um neun. Um drei Sekunden nach neun stand sie jeden Morgen in meinem Büro und bombardierte mich mit Fragen – während ich noch dabei war, anzukommen und meinen Computer hochzufahren. Nach einer Woche war ich kurz davor zu explodieren. Konnte sie nicht wenigstens eine Viertelstunde warten, bis ich auch geistig anwesend war? Spürte sie denn nicht, dass mich ihr morgendlicher Enthusiasmus irritierte?

Natürlich nicht. Wir kannten uns ja kaum. Wie sollte sie da ahnen, dass ich nicht ebenso ein Morgenmensch bin wie sie? Es war also an der Zeit, eine Grenze zu setzen. Eines Nachmittags nahm ich sie beiseite und sagte ihr, dass ich unsere Zusammenarbeit sehr schätze, morgens aber eine halbe Stunde benötige, um meine E-Mails zu checken und einen Plan für den Tag zu erstellen. Ich fragte sie, ob es möglich sei, dass sie mit ihren Fragen erst ab halb zehn zu mir kommt.

Und siehe da, ab dem nächsten Morgen stand sie um drei Sekunden nach halb zehn in meinem Büro, und unsere Arbeitsbeziehung hat sich immens verbessert.

Denn das ist die Sache mit dem Setzen von Grenzen: Wir gestatten dem anderen Menschen einen Einblick in unser Fühlen und Denken. Wir verraten ihm, was wir mögen, was wir dulden, was wir nicht akzeptieren. Und dadurch schaffen wir Verbindung und Intimität. Wir erlauben dem anderen, uns besser kennenzulernen.

Grenzen dienen nicht dazu, das Verhalten anderer zu verändern, sondern dazu, konsequent in seinem eigenen Verhalten zu sein. Wir sehen Grenzen oft als etwas an, das die anderen einhalten müssen.

»Er hat meine Grenze überschritten.«

»Ich habe ihr tausend Mal gesagt, dass sie das nicht tun soll.«

Doch es ist nicht an den anderen, unsere Grenzen einzuhalten, sondern an uns. Das ist wie mit Ländergrenzen. Niemand erwartet, dass jemand, der zum Beispiel keinen gültigen Pass für die Einreise in ein bestimmtes Land hat, an der Grenze steht und denkt: *Ach, Mist, ich darf hier ja gar nicht rein, also drehe ich wieder um.* Nein, er wird es versuchen, und es ist Sache des jeweiligen Landes, dafür zu sorgen, dass er nicht reinkommt.

Und so, wie ein Land verschiedene Bestimmungen erlassen hat, um festzulegen, wer einreisen darf und wer nicht, so bestimmten wir auch für uns persönlich, was wir in unserem Leben akzeptieren und was nicht. Grenzen zu setzen ermöglicht es uns, uns so zu zeigen, wie wir sind. Dazu hilft es, wenn wir uns selbst erst einmal besser kennenlernen.

AUFGABE:
Wer bin ich?

Sei in der nächsten Woche mal der oben erwähnte Forscher, der dich beobachtet. Mach dir Notizen, was dich aufregt oder stört. Socken, die im Wohnzimmer liegen? Benutztes Geschirr, das nicht in die Geschirrspülmaschine gestellt wurde? Mutti, die am Sonntagmorgen anruft, obwohl du in Ruhe frühstücken willst? Die Kollegin, die ständig zu laut telefoniert? Der Kollege, der dir eine E-Mail schickt und drei Sekunden später anruft, um zu fragen, warum du noch nicht geantwortet hast? Dein Partner oder deine Partnerin, der oder die das selbst verdiente Geld für eigene Hobbys ausgibt, während du deines für gemeinsame Aktivitäten und den Lebensunterhalt verwendest?

Wenn du die Liste fertig hast, überlege dir zu jedem einzelnen Punkt, wie du die Situation gerne ändern würdest, um dich wohler zu fühlen. Welche Grenzen möchtest du setzen? Und wie kannst du sie einhalten?

Dann sprich mit der betroffenen Person und erkläre ihr, wie du dich in Zukunft in diesen Situationen verhalten wirst.

Und nun kommt das Schwerste: Verhalte dich in Zukunft auch wirklich so!

Situation, die mich nervt:

1. Mama ruft mich am Sonntagmorgen an, obwohl ich in Ruhe frühstücken möchte.
2. Mein Kollege schickt mir eine E-Mail und ruft drei Sekunden später an, um mich zu fragen, ob ich sie bekommen habe.
3. Mein Partner gibt sein Geld für eigene Hobbys aus, während für mich die gemeinsamen Ausgaben Vorrang haben.

Das Gespräch:

1. Mama, ich telefoniere gern mit dir. Das ruhige Frühstück am Sonntag ist mir allerdings heilig, deshalb möchte ich dich bitten, erst nach elf Uhr anzurufen.

2. Lieber Kollege, ich beantworte meine E-Mails dreimal am Tag: direkt morgens, nach der Mittagspause und noch einmal am späten Nachmittag. Wenn du etwas Dringendes hast, ruf mich doch bitte an, oder komm kurz in meinem Büro vorbei, damit ich mich gleich darum kümmern kann.

3. Mein Lieblingsmensch, ich fühle ein Ungleichgewicht in unserer Beziehung, was das Geld angeht. Natürlich möchte ich, dass du dir deine Hobbys leistest, nur habe ich das Gefühl, dass Ausgaben für unsere gemeinsamen Aktivitäten, zum Beispiel Reisen oder essen gehen, dabei zu kurz kommen. Was hältst du davon, wenn wir zusammen ein Konto für gemeinsame Ausgaben anlegen, auf das wir jeden Monat die gleiche Summe einzahlen, und mit dem Rest des Geldes jeder machen kann, was er will?

Meine Grenzen:

1. Sonntags vor elf Uhr nicht ans Telefon gehen.
2. E-Mails dann beantworten, wenn ich Zeit habe.
3. Ein gemeinsames Konto anlegen und monatlich bedienen. Die Ausgaben des Partners für sein Hobby akzeptieren.

Nicht immer ist es nötig, mit jemandem ein Gespräch zu führen, um ihm die eigenen Grenzen zu erklären. Als ich anfing, von zu Hause aus zu arbeiten, hat ständig jemand angerufen, um »nur mal zu quatschen«. Ich war ja zu Hause, da hatte ich doch sicher Zeit? Die hatte ich natürlich nicht. Ich war auch daheim in meinem Büro und habe gearbeitet. Anstatt aber zu versuchen, meiner Familie und meinen Freunden beizubringen, zu welchen Zeiten sie mich anrufen konnten und zu welchen nicht, habe ich meine Grenzen ganz einfach so gezogen, dass niemand sie überschreiten *konnte*.

Mein Arbeitstag sah wie folgt aus: Ich habe im Wechsel eine Stunde übersetzt und zehn Minuten beziehungsweise mittags eine halbe Stunde Pause gemacht. Während der Übersetzungszeit waren sowohl mein Handy als auch alle E-Mail- und Social-Media-Benachrichtigungen stumm geschaltet, und auf meinem Festnetztelefon ging der Anrufbeantworter nach dem ersten Klingeln dran. Hat in dieser Stunde jemand versucht, mich zu erreichen, habe ich ihn oder sie in der nächsten Pause zurückgerufen. Wenn jemand zufällig in meiner Pause angerufen hat, bin ich natürlich rangegangen. Ich werde nie die Erleichterung meines Vaters vergessen, als er mich einmal in einer Pause erwischte und fragte: »Störe ich gerade?«, und ich sagte: »Nein, dann wäre ich nicht rangegangen.« Diese Grenze hat auf allen Seiten für mehr Sicherheit gesorgt. Die Leute wussten, dass sie mich nicht stören *können*, und das ist ein erleichterndes Gefühl.

Du siehst also, bei Grenzen geht es nicht darum, zu sagen: »Mach das nicht wieder«, sondern darum, zu wissen: »Wenn du x tust, mache ich y.«

Wie kann uns das beim Thema Geld helfen? Zum einen, wie das obige Beispiel gezeigt hat, indem wir unsere Finanzen anschauen und gucken, was da nicht so läuft, wie wir es gerne hätten. Du erinnerst dich an das Gefühlsbarometer aus dem vorherigen Kapitel? Das ist der perfekte Ausgangspunkt dafür, dir selbst Grenzen zu setzen.

Angenommen, du gibst Geld aus, wenn du gestresst bist, und am Ende des Monats siehst du deinen Kontostand und bist noch gestresster, weil er viel zu niedrig ist. Eine Grenze zu setzen hieße in diesem Fall: Du achtest darauf, wann du gestresst bist, und suchst dir eine Möglichkeit zu entspannen, die kein Geld kostet. Wenn wir das Prinzip von »Wenn du x machst, mache ich y« nun also anwenden, lautet die Grenze: »Wenn ich gestresst bin, gebe ich kein Geld aus.«

Ein paar weitere Beispiele, wie ich mit meinem Geld Grenzen setze:

1. Ich gebe mein Geld nur dorthin, wo ich mich wohlfühle.
Wenn ich einen Laden betrete und sehe, dass die Kleidung dort wild herumfliegt und schlecht behandelt wird, kaufe ich dort nicht ein. Wenn ich die Bank wechseln will und der Bankberater mir nicht sympathisch ist, suche ich mir eine andere Filiale oder Bank. Wenn ich einen Steuerberater brauche und mich mit ihm nicht wohlfühle, engagiere ich ihn nicht. Wenn mir jemand tolle Anlagetipps gibt, ich aber kein gutes Bauchgefühl habe, investiere ich nicht.

2. Ich warte vierundzwanzig Stunden.
Manchmal verspüre auch ich noch plötzlich diesen Drang, etwas unbedingt und jetzt kaufen zu wollen. Und manchmal weiß auch ich in diesem Moment nicht, was genau in mir los ist und welches Gefühl ich mit dem Kauf wegdrücken will. In diesem Fall verspreche ich mir: Wenn ich das, was mir da ins Auge gefallen ist, morgen um die gleiche Zeit immer noch haben will, kaufe ich es. In den allermeisten Fällen ist das Gefühl, das den Kaufdrang ausgelöst hat, am nächsten Tag nicht mehr vorhanden, und ich will die Sache gar nicht mehr.

Aber manchmal passiert es auch, dass ich sie tatsächlich haben will oder brauche. So wie einmal mit einem Pullover, den ich an einem heißen Julitag gesehen habe. Er war so schön! Und so teuer! Und so unglaublich warm! Etwas in mir wollte ihn unbedingt haben. Da ich mir nicht sicher war, was in mir ihn haben wollte – ein dicker Wollpullover bei 32 °C? –, habe ich ihn nicht gekauft. Doch er ging mir drei Monate lang nicht aus dem Kopf. Als der Winter dann im Anmarsch war, bin ich wieder in den Laden – ohne große Hoffnung, dass der Pullover noch da ist. Doch, oh Wunder, der Verkäufer konnte sich an ihn erinnern und fand noch genau einen im Lager. Es ist immer noch mein absoluter Lieblingspulli.

3. Ich gebe nicht mehr Geld aus, als ich habe.
Damit meine ich nicht nur, dass ich keine Schulden mache, sondern auch, dass ich Geld, das ich erwarte, nicht ausgebe, bis es auf meinem Konto ist. Gerade als Freiberuflerin oder Selbstständige kann es passieren, dass wir ein oder zwei Rechnungen rausschicken und uns freuen, dass wir Geld verdient haben. In Erwartung der Zahlung kaufen wir uns dann etwas, das wir brauchen oder wollen. Nur kommt es immer wieder vor, dass die Rechnung nicht pünktlich bezahlt wird.

Das hatte ich gerade erst dieses Jahr. Meine Rechnung ist auf dem Postweg verschüttgegangen, und die Zahlung war zu dem Zeitpunkt, zu dem ich damit gerechnet hatte, noch nicht da. Gut, dass ich vor größeren Anschaffungen immer checke, ob das Geld auch wirklich auf dem Konto ist. Denn sonst wäre ich in diesem Fall für den Kauf einer Matratze vermutlich ins Minus gerutscht – und die Kosten für die Überziehungszinsen spare ich mir doch lieber.

4. Wenn sich Geld, das ich verdiene oder verdienen könnte, nicht gut anfühlt, lasse ich es.
Auf dieses Thema gehe ich im nächsten Kapitel näher ein. Hier sei nur gesagt: Es ist nicht nur wichtig, wie sich das Geld anfühlt, das wir ausgeben, sondern auch, wie sich das Geld anfühlt, das wir einnehmen.

MEDITATION ZUR HERZÖFFNUNG

Die Liebe ist eine Entscheidung, die wir mit dem Herzen treffen. Je offener unser Herz ist, desto leichter können wir Liebe geben und empfangen. Um dein Herz zu öffnen, habe ich eine kleine Meditation für dich.

Herz öffnen

Zuerst wollen wir das Herz mit der Standing-Mudra-Pose aus dem Yoga öffnen. Such dir dafür einen ruhigen Ort, und stell dich fest auf beide Beine, die Füße hüftbreit auseinander. Schließe die Augen, und atme ein paar Mal tief und gleichmäßig ein und aus. Spüre, wie Wurzeln aus deinen Fußsohlen in den Boden hineinwachsen.

Verschränke nun deine Hände hinter dem Rücken, und schüttle deinen Kopf ein wenig, um den Nacken zu entspannen.

Dann beuge dich langsam mit geradem Rücken nach vorn, und lass dich vom Gewicht deiner Arme, die du von hinten über den Kopf streckst, langsam nach unten ziehen. Bleib in dieser Stellung so lange, wie es sich für dich gut anfühlt, und spüre, wie sich dein Brustkorb weitet.

Diese Pose kannst du immer wieder zwischendurch machen, wenn du merkst, dass du im Herzbereich eingeengt bist. Oder du machst sie als Vorbereitung auf die nun folgende Meditation:

Meditation Liebe

Finde eine bequeme Haltung, in der du gut sitzen oder liegen kannst.

Schließe die Augen und nimm zwei tiefe Atemzüge.

Lege eine Hand auf deinen Herzbereich oder eine andere Stelle, die dich beruhigt. Spüre, wie sich die Wärme und der leichte Druck anfühlen. Es erinnert dich daran, dass du dir in dieser Übung nicht irgendeine Art von Aufmerksamkeit schenkst, sondern liebevolle Aufmerksamkeit.

Bleib für fünf Atemzüge so sitzen oder liegen.

Nun kannst du die Geste auflösen und deine Hand zurücklegen – entweder neben dich auf den Boden, auf den Oberschenkel oder dorthin, wo es am angenehmsten ist.

Spüre noch für einen Moment der Bewegung nach, die dein Atem in dir auslöst.

Nun stell dir vor, du wickelst dich selbst so in eine Decke ein, wie du es bei einem kleinen Kind tun würdest, und kuschle dich ganz in diese warme Behaglichkeit.

Lass dich tief in dieses geborgene Gefühl hineinsinken und zu einem Ort tragen, an dem du dich wohl und sicher fühlst. Das kann ein Ort sein, den du kennst – dein Zuhause, ein Strand, ein Wald. Es kann aber auch ein Fantasieort sein.

Schau dich um und nimm wahr, wie es um dich herum aussieht, wie es sich anfühlt, genau hier zu sein und nichts tun zu müssen außer zu atmen, zu sein.

Nun kommt eine Gestalt auf dich zu.

Zunächst erkennst du nur einen Schemen, spürst

eine leichte Veränderung in der Energie des Ortes, an dem du dich befindest.

Dann kommt die Gestalt näher, und du erkennst, dass es jemand ist, den du sehr liebst.

Es kann ein Mensch sein, den du kennst oder gekannt hast.

Ein geliebtes Haustier.

Aber auch ein anderes Wesen.

Auf jeden Fall ist es jemand, der dich auf ganz natürliche Weise glücklich macht und der dein Herz öffnet, einfach nur, indem du an ihn oder sie denkst.

Er oder sie setzt sich neben dich und legt dir einen Arm um die Schultern oder umfängt dich von hinten, bettet deinen Kopf in seinen Schoß oder wiegt dich in seinen Armen. Was auch immer dir angenehm ist.

Nimm wahr, wie gut es sich anfühlt, seine oder ihre Gesellschaft zu spüren.

Fühle die bedingungslose Liebe, die dieser Mensch oder dieses Wesen für dich empfindet.

Öffne dein Herz und erlaube dir, einfach nur zu empfangen.

Ohne etwas zu tun.

Ohne etwas zu sein.

Außer du selbst.

Bevor das liebevolle Wesen wieder geht, hat es noch ein Geschenk für dich.

Du öffnest deine Hände, und es legt etwas hinein.

Etwas, was für dich eine besondere Bedeutung hat.

Etwas, was dich daran erinnern soll, dass du geliebt wirst.

Dass du genug bist.

Dass du dich lieben darfst.

Schau es dir genau an.

Was ist es?

Was sagt es dir?

Welche Gefühle löst es in dir aus?

Du hebst den Blick und schaust ein letztes Mal in die Augen des mitfühlenden Wesens.

Und siehst darin pure Liebe.

Und in dieser Liebe spiegelt sich dein Gesicht.

Nun steckst du dein Geschenk in eine Tasche in deinem Herzen, damit du es jederzeit bei dir hast und immer herausholen kannst, wenn du bedingungslose Liebe brauchst.

Atme tief ein und ganz langsam wieder aus.

Dann komme langsam, in deinem eigenen Tempo wieder in den Raum zurück.

Wenn du magst, kannst du dein Erlebnis aus der Meditation aufschreiben. Es kann dir helfen, dich besser zu verstehen.

Als ich diese Meditation das erste Mal gemacht habe, ist mir eine Erkenntnis gekommen, die meine Beziehung zum Geld stark verändert hat. Nun ja, eigentlich ist nicht mir die Erkenntnis gekommen, sondern einer Workshopteilnehmerin. Wir hatten vorher darüber gesprochen, dass es in dieser Welt eigentlich keine weiblichen Vorbilder für den Umgang mit Geld gibt. Wie wir die »gläserne Decke« durchstoßen, wie wir als Frauen erfolgreich sein können, wie wir das Muttersein und den Beruf unter einen Hut bekommen – für all das gibt es Vorbilder. Doch alles, was mit Geld und Finanzen zu tun hat, ist immer noch stark maskulin geprägt. Wir hören von

Warren Buffett, aber nur wenig von seiner Schwester, die erst im Alter von achtundsechzig Jahren durch eine Erbschaft an ein Vermögen gekommen ist – und damit sehr viel Gutes getan hat. Wie hören von Sheryl Sandbergs beruflichen Erfolgen, aber nicht davon, wie sie mit ihrem Geld umgeht, wie sie es anlegt. Und auch fast alle Finanzprospekte sind in einer Sprache geschrieben, die Frauen einfach nicht anspricht.

Nun hatten wir also diese Meditation gemacht, und ich erzählte, dass mich dabei meine Großmutter besucht hatte. Sie war eine wahnsinnig tolle Frau gewesen. Mit Mitte vierzig verwitwet, hat sie meinen Vater allein großgezogen, hat immer gearbeitet und ihr eigenes Geld verdient. Sie hatte wohl eine ordentliche Rente – leider habe ich auch mit ihr nie über Geld gesprochen – und hat es sich im Leben gut gehen lassen. Und sie war sehr großzügig, ohne dabei verschwenderisch zu sein. Jedem Brief, den sie mir und meiner Schwester schrieb, lag »ein Scheinchen« bei. Meist zehn D-Mark, die ich oft monatelang in den Umschlägen gelassen habe, um mich jedes Mal, wenn ich ihre Briefe erneut gelesen habe, darüber zu freuen.

Ihre zwei Lieblingssprüche waren: »Dafür päcken wir uns nicht am Hintern« (sie kam aus Essen, und das hörte man) und: »Ich gebe lieber mit warmer Hand als mit kalter.« Den ersten Spruch habe ich immer zu hören bekommen, wenn etwas ein bisschen teurer war, als wir gedacht hatten, wir es aber trotzdem kaufen wollten. Wie einmal, als sie im Auftrag meiner Mutter mit mir Hausschuhe kaufen war. Das Limit meiner Mutter lag bei 30 DM, doch die Hausschuhe, die uns gefielen, kosteten 35 DM. »Ach, wegen der fünf Mark päcken wir uns doch nicht am Hintern.« Den zweiten Spruch hörten wir immer, wenn es um das Thema Vererben ging. Da war sie Doris Buffett gar nicht so unähnlich, die über den Umgang mit Geld angeblich mal gesagt hat: »Der letzte Scheck muss platzen.« Ein schönes Bild dafür, dass wir unser Geld so genießen sollen, dass es genau bis zum letzten Tag reicht.

Als ich diese Geschichte erzählt hatte, schaute mich eine Workshopteilnehmerin an und sagte: »Aber dann hast du doch ein weibliches Vorbild für den Umgang mit Geld.«

Und sie hatte recht!

Das war mir zuvor nie aufgefallen.

Meine Großeltern mütterlicherseits hatten das Thema Geld mit ihren kruden Vorstellungen so in Besitz genommen, dass ich den vernünftigen Umgang mit Geld, den meine Oma pflegte, gar nicht wahrgenommen habe.

Das hat sich, wie gesagt, nach diesem Erlebnis stark gewandelt. Ich habe jetzt ein weibliches Vorbild, noch dazu eines, mit dem ich verwandt bin und das ich sehr gut kenne und innig liebe. Und auch wenn meine Oma nicht mehr lebt, habe ich hierdurch eine noch tiefere Bindung zu ihr bekommen, die mir immer wieder hilft, wenn es in meiner Beziehung zum Geld mal etwas holprig wird.

5.
Aufmerksamkeit

Wie das Ende des letzten Kapitels gezeigt hat, sind wir oft nicht sonderlich aufmerksam, was unsere eigene Welt angeht. Doch Aufmerksamkeit ist eine sehr wichtige Säule einer jeden gesunden Beziehung.

Aufmerksamkeit ist das einfachste und zugleich schwerste Werkzeug in unserer Beziehungskiste. Einfach weil sie uns dabei hilft, ganz schnell zu erkennen, wenn etwas nicht mehr richtig läuft oder anfängt, sich zu verändern. Somit gibt sie uns Zeit, eine andere Richtung einzuschlagen. Schwer, weil wir zu selten wirklich aufmerksam sind. Zu oft reagieren wir erst, wenn es zu spät ist – Hunderte von Hollywoodfilmen und Liebesromanen leben davon. Und beim Geld trauen wir uns häufig nicht, aufmerksam zu sein, weil wir uns nicht um das leidige Thema kümmern wollen.

Wie immer spreche ich hier aus persönlicher Erfahrung. Ich war in allen drei Bereichen, um die es in diesem Buch geht – Beziehung zu meinem Partner, zu mir und zum Geld –, nicht aufmerksam genug.

In der Beziehung mit meinem Mann habe ich zu spät erkannt, dass er mit irgendetwas nicht glücklich war. Und ich habe auch nicht bemerkt, dass es Dinge gab, mit denen ich nicht glücklich war. Wenn ich aufmerksamer gewesen wäre, hätten wir eher handeln und vielleicht einen anderen Weg einschlagen können, als uns zu trennen.

Ich war auch nicht aufmerksam genug, was meine Gefühle und Wünsche anging, und habe nicht bemerkt, dass sich da bei mir in den letzten Jahren einiges verändert hatte. Oft haben wir eine Vorstellung, manchmal sogar einen Traum davon, wie unser Leben aussehen soll. Und nur selten halten wir mal inne, um zu überprüfen, ob das mit unseren aktuellen Wünschen und Vorstellungen noch übereinstimmt.

Bei mir ging das so bis zum Sommer 2014, als mein Körper beschloss, ganz laut zu schreien, um meine Aufmerksamkeit zu erregen. Ich konnte nicht schlafen, ich konnte mich nicht entspannen. Ich hatte Schwierigkeiten, mich zu konzentrieren und meine Arbeit zu machen. Meine Arbeit, die ich so sehr liebe, war auf einmal wie ein Stein, der um meinen Hals hängt.

Dennoch habe ich wochenlang einfach weitergemacht, bis ich einen totalen Zusammenbruch hatte. Diagnose: Burn-out beziehungsweise Adrenal Fatigue – eine Nebennierenschwäche, die von zu viel Stress ausgelöst wird. Emotionalem Stress. Erst da habe ich erkannt, dass ich mir zu viel zugemutet habe mit drei Jobs, zwei Hunden, einem Haus, einer zerbrechenden Ehe.

Ich bin sicher, dass mein Körper mir vorher Signale gesendet hat. Und wäre ich aufmerksamer gewesen, hätte ich sie sehen und ganz leicht ein paar Veränderungen vornehmen können, um wieder in gesündere Fahrwasser zu kommen. Aber so hat es über zwei Monate und viel Hilfe durch Akupunktur, Ernährungsumstellung, Physiotherapie und Coaching bedurft, um mich wieder auf die Beine zu bekommen. Das hätte ich verhindern können, wenn ich darauf gehört hätte, was mein Körper mir sagt.

Das Gleiche gilt – natürlich – auch für meine Beziehung zum Geld. Als Kind hatte ich immer Geld. Ich habe es geliebt. Ich habe geliebt, es zu verdienen und zu sparen, später auch, es auszugeben. Mit elf Jahren habe ich meinen ersten regelmäßigen Job als Babysitterin angenommen, mit fünfzehn konnte ich mir von meinen Ersparnissen einen fünfwöchigen Amerikaaufenthalt leisten. Ich hatte immer genug – und ich wusste einfach, dass Geld mir immer zufließen würde.

Ich bin mir nicht sicher, wann sich das geändert hat. Und das weiß ich nicht, weil ich nicht aufmerksam genug war. Im Laufe der Jahre wurde es dann immer schlimmer. Plötzlich war da diese Angst vor allem, was mit Geld zu tun hat.

Wie du vielleicht weißt, ist das Gegenteil von Liebe nicht Hass, sondern Angst. Hass ist nur eine Form der Angst. Und wie wir schon gelesen haben, ist Liebe für jede Beziehung notwendig. Selbst für die zum Geld. Aber meine Liebe zum Geld ist in der Minute verschwunden, in der ich aufgehört habe, auf mein Geld zu achten. Der Effekt war der gleiche wie bei meiner Gesundheit: Wäre ich aufmerksam gewesen und hätte beim ersten Mal, als mein Konto ins Minus rutschte, reagiert, wäre es eine Sache von Tagen oder vielleicht Wochen gewesen, eine andere Richtung einzuschlagen und mich zu erholen. Aber so hat es fünfzehn Jahre gedauert, bis ich, was mein Geld betraf, wieder in der Spur war und die Liebe wiederentdeckt habe, die als Kind und Jugendliche die Basis für meine Beziehung zum Geld gewesen ist.

Ich vergleiche das gerne mit einem Kreuzfahrtschiff. Wenn das Ruder ein halbes Grad zu weit nach links oder rechts eingestellt ist, kann man die Abweichung auf der Route nach wenigen Stunden oder auch einem Tag noch ziemlich leicht korrigieren. Aber wenn das Schiff erst einmal eine Woche oder gar einen Monat auf dem falschen Kurs unterwegs ist, landet es an einer Küste, die nie auf dem Reiseplan stand. Das eigentliche Ziel zu erreichen wird dann auf einmal sehr zeitaufwendig und energieraubend.

5.1

UNSERE GLAUBENSSÄTZE ZUM THEMA GELD

Wir alle tragen Glaubenssätze mit uns herum, die dazu führen, dass wir unserem Geld gegenüber unaufmerksam sind. Diese Glaubenssätze entwickeln wir aus dem, was wir in unserem Umfeld über Geld gelernt und dann verinnerlicht haben, ohne uns dessen bewusst zu sein. Da wäre zum einen der Umgang unserer Eltern mit Geld – waren sie sparsam, ängstlich, großzügig, verschwenderisch? Haben sie Geld als Ausrede benutzt oder als Belohnung? War es ein Problem oder die Lösung für alle Probleme?

Auch unser erweitertes Umfeld hat zu unserer Beziehung zum Geld beigetragen. Vor ein paar Jahren kam eine Klientin zu mir, weil sie finanziell einfach nie auf einen grünen Zweig kam und nicht wusste, warum nicht.

Wie sich in unserer Zusammenarbeit herausgestellt hat, war sie als Kind eine Zeit lang in den Bibelunterricht ihrer Kirche gegangen. Dort hatte sie unter anderem die Geschichte aus dem Lukasevangelium gehört, in der Jesus beobachtet, wie die Reichen ihre Spenden am Tempel abgeben, aber auch eine arme Witwe ihr Scherflein beiträgt. Zu seinen Jüngern sagt er, dass der Beitrag der Witwe wertvoller sei als der der Reichen, denn die hätten von ihrem Überfluss abgegeben, die Frau hingegen habe aus ihrer Armut heraus alles gegeben, was sie zum Leben besaß.

Diese Geschichte hatte sich im Kopf meiner Klientin so festgesetzt, dass sie, selbst Jahre nachdem sie diese Bibelstunde schon lange vergessen hatte, noch danach gehandelt hat: Arm zu sein ist edelmütig. Wer gibt, wenn er selbst nichts hat, ist wertvoller als der, der seinen Wohlstand teilt. Das waren die unbewussten Sätze, nach denen sie gelebt hat.

Bei mir war es mein Großvater, der meine Glaubenssätze im Hinblick auf Geld beeinflusst hat. Nach dem Krieg hat er sich ein erfolgreiches Unternehmen aufgebaut – und nach der großen Flut in Hamburg noch mal fast wieder bei null angefangen. Er und meine Großmutter haben immer auch körperlich hart gearbeitet, und so war eine der Lektionen, die ich daraus gelernt habe: »Man muss hart arbeiten, um viel Geld zu verdienen.«

Obwohl mein Großvater es zu einem gewissen Wohlstand gebracht hat, war ihm eines ein Gräuel: reiche Menschen. Oder vielleicht auch sogenannte Neureiche, die mit ihren Autos und Uhren und Reisen protzten.

Der zweite Glaubenssatz, den ich für mich daraus entwickelt habe, war: »Man darf nicht reich sein.« Und dann habe ich daraus einen ganz neuen, eigenen gemacht: »Man muss hart arbeiten, um Geld zu verdienen, darf aber nicht reich sein.« Und darin war ich eine echte Einserschülerin. Ich habe immer viel gearbeitet, ich habe immer gut verdient, und ich war am Ende des Monats immer pleite. Mission erfüllt.

Es ist wichtig zu wissen, dass uns diese Glaubenssätze nicht unbedingt absichtlich so beigebracht worden sind. Als Kinder verstehen wir die Zusammenhänge manchmal noch nicht, oder wir interpretieren etwas anders und machen dann unsere eigene Version daraus. Mein Großvater hat mir *diesen Eindruck* vermittelt, und da es meiner Schwester nicht so ging, ist es allein *meine* Interpretation der Umstände gewesen, die zu meinen Überzeugungen geführt hat. Meine Klientin wiederum hat so stark auf diese eine Bibelgeschichte reagiert, weil sie in einem Haushalt aufgewachsen ist, in dem das Geld immer knapp war, und so hat sie als Kind versucht, eine für sich schlüssige Erklärung dafür zu finden: »Wir sind arm, weil wir gute Menschen sind.«

Diese beiden Beispiele zeigen, wie wichtig es ist, dass wir uns unserer Glaubenssätze bewusst werden, denn nur dann können wir sie und unser Verhalten ändern.

Die Buddhisten sagen, man kann nicht einen Wassermelonensamen pflanzen und erwarten, dass ein Kirschbaum daraus wächst. Sie meinen damit, dass alles, was wir denken, sagen und tun, einen winzigen Samen in unserem Leben pflanzt. Diese Samen wachsen zu wesentlich größeren Versionen von sich selbst heran. So, wie ein winziger Wassermelonenkern zu einer großen Wassermelone wird. Aber diese »Samen« können niemals zu etwas anderem heranwachsen als zu dem, was in ihnen angelegt ist, seien es nun Gedanken, Worte oder Handlungen. Wenn du ständig Gedanken des Mangels hast – es reicht nicht, ich bin nicht gut genug, das klappt nie, andere werden immer bevorzugt, in meinem Beruf kann man kein Geld verdienen –, werden sie zu einem immer größeren Mangel heranwachsen. Und wenn du »reiche Gedanken« hast, wird Reichtum in dein Leben kommen. Und ich meine Reichtum hier nicht nur im materiellen Sinn, sondern ich spreche von Fülle in allen Lebensbereichen. Deshalb sollten wir immer darauf achten, welche Art von Samen wir mit unseren Gedanken pflanzen – ob in der Beziehung zu unserem Partner, uns selbst oder unserem Geld. Wir sollten die Samen, die wir nicht wollen, verdorren lassen, aber die gießen, von denen wir mehr im Leben haben wollen.

Aufmerksamkeit ist also wichtig – was die Bewegungen in der Außenwelt angeht, aber auch, was die Bewegungen in unserem Inneren betrifft. Wir alle haben schon mal gehört: Das, worauf wir unsere Aufmerksamkeit richten, wächst. Wenn wir uns auf die Fehler unseres Liebsten konzentrieren, werden wir bald nur noch das sehen, was mit ihm nicht stimmt. Aber wenn wir unsere Aufmerksamkeit auf das richten, was wir an ihm lieben, sehen wir bald nichts mehr außer Liebe.

Das Gleiche gilt für uns: Wenn wir uns auf das konzentrieren, was wir nicht können, schwindet unser Selbstbewusstsein, und wir sehen nur noch mehr Dinge, in denen wir nicht gut sind. Wenn wir uns jedoch darauf konzentrieren, worin wir gut sind, werden wir immer besser.

Und für unser Geld gilt: Wenn du dich auf Angst und Mangel konzentrierst, wird noch mehr Angst und Mangel in dein Leben treten. Wenn du dich jedoch auf die Fülle dessen konzentrierst, was du hast, wird mehr Überfluss in dein Leben kommen.

5.2

DAS GEFÜHLSHAUSHALTSBUCH — EINNAHMEN

Apropos auf Fülle konzentrieren: Wir gehen jetzt den nächsten Schritt mit unserem Gefühlshaushaltsbuch. Das kennst du ja schon aus dem Kapitel »Empathie«, und nun füttern wir es zusätzlich mit den Empfindungen zu unseren Einnahmen.

Was bezeichnen wir alles als Einnahmen?

Zum einen alles Geld, das zu uns fließt, zum Beispiel:

- Gehalt / Honorar für unsere Arbeit
- Zinsen
- Geldgeschenke / Gutscheine
- Ausschüttungen von Versicherungen
- Dividenden
- gefundenes Geld (ob in der Hosentasche oder auf der Straße)
- Bonuszahlungen
- Tantiemen
- Pfandrückerstattungen.

Zum anderen das Geld, dessen Ausgabe wir zwar eingeplant haben, die wir dann aber doch nicht tätigen, weil uns

- jemand einlädt,
- wir in letzter Sekunde doch auf den Kauf verzichten
- oder das Gewünschte im Preis reduziert wurde.

Achtung, der letzte Punkt ist ein wenig knifflig. Nehmen wir an, du möchtest eine neue Kaffeemaschine kaufen, die 299 Euro kostet. Nun kommst du in den Laden und siehst, dass sie im Angebot ist und nur 279 Euro kostet. Die 20 Euro, die du nicht ausgeben musst, gelten im Sinne des Gefühlshaushaltsbuchs als Einnahme.

Hast du aber gar nicht vorgehabt, eine Kaffeemaschine zu kaufen, und kaufst sie jetzt nur, weil sie im Angebot ist, dann ist das eine reine Ausgabe. In diesem Fall hast du nicht 20 Euro gespart, sondern 279 Euro mehr ausgegeben, als du vorgehabt hast.

Für unsere Einnahmen gilt das gleiche Grundprinzip wie für unsere Ausgaben: Wir können Geld auf vier Arten einnehmen:

- aus einem Gefühl des Mangels,
- mit einem Gefühl der Neutralität,
- aus einem Gefühl der Fülle
- und zu Vermeidungszwecken.

Bei meinem Coach gab es bei den Einnahmen nur drei Arten, die Vermeidung hatte sie nicht mit auf der Liste. Aber wie ich weiter oben ja schon geschrieben habe, bin ich eine kleine Streberin und schaffe es daher, auch aus Vermeidungszwecken Geld zu verdienen, zum Beispiel weil ich mich langweile oder emotionalen Stress habe. Ich erinnere mich an viele verregnete Sonntage in Hamburg, an denen ich mich einsam gefühlt und deshalb in die Arbeit gestürzt habe, um diese Einsamkeit nicht fühlen zu müssen.

Ich erinnere mich aber auch daran, dass ich, während ich an diesem Buch geschrieben habe, in Spanien war und abends die Ansprache des Präsidenten gehört habe, in der er eine fast komplette Ausgangssperre wegen des Coronavirus' verkündete. Am ersten Tag danach war ich ziemlich nervös und unsicher, auch wenn der Einfluss auf mein Leben in dem Moment gar nicht so groß war. Immerhin arbeitete ich sowieso von zu Hause aus und konnte, dank meines Gartens, auch raus. Trotzdem haben mich die Sorgen darum, wohin das noch alles führen wird und was es für finanzielle und wirtschaftliche Auswirkungen auf meine Familie, Freunde, Klienten und schlussendlich die gesamte Welt haben wird, sehr beschäftigt. Am zweiten Tag war da immer noch diese innere Unruhe, sodass ich mich nicht aufs Fernsehen oder Lesen konzentrieren konnte. Ich wollte diese Unruhe aber nicht fühlen! Ich wusste, dass sie mir nicht hilft, sondern die Situation nur noch schlimmer macht. Also habe ich mich an meinen Computer gesetzt und geschrieben. Und nach zwei Stunden war mein Nervenkostüm wieder in Ordnung.

Vermeidung muss also nicht immer etwas Schlechtes sein. Wie bei allem, was wir hier tun, kommt es darauf an, dir bewusst zu werden, warum du es tust, um dann entscheiden zu können, ob es gut für dich ist oder nicht.

5.2.1
Warum ist es so wichtig, zu wissen, wie sich unsere Einnahmen anfühlen?

Früher habe ich immer gedacht, alles Geld, das zu mir kommt, ist gutes Geld – und nur Geld, das ich ausgebe, ist schlechtes Geld. Doch das stimmt nicht. Deshalb lege ich so einen großen Wert darauf, dass wir uns nicht nur mit unseren Ausgaben, sondern auch mit unseren Einnahmen beschäftigen.

Wenn ich aus einem Mangelgefühl heraus Geld verdiene,

wird dieses Geld mein Mangelgefühl immer mehr verstärken. Wenn sich das Geld, das mir zufließt, schlecht anfühlt, werde ich unbewusst alles tun, um es so schnell wie möglich wieder loszuwerden.

Zwei kleine Beispiele dazu:

1. Stell dir vor, du besuchst deine Oma, ihr habt einen schönen Nachmittag zusammen, und am Ende drückt sie dir 100 Euro in die Hand. »Kauf dir was Schönes, meine Süße.« Das fühlt sich gut an, oder?

2. Und nun stell dir vor, du gehst abends aus, triffst einen Typen in der Bar und beschließt, ihn über Nacht mit nach Hause zu nehmen. Am nächsten Morgen wachst du auf, der Typ ist weg, und es liegen 100 Euro auf deinem Nachttisch. Wie fühlt sich dieses Geld an? Nicht sonderlich gut, richtig?

Mit dem Geld von deiner Oma würdest du etwas Schönes oder Wichtiges tun – die Jacke kaufen, von der du schon lange schwärmst, oder die Lebensmittel besorgen, für die es diesen Monat sonst ein wenig knapp gewesen wäre. Mit dem Geld vom One-Night-Stand hingegen würdest du vermutlich nichts Schönes oder Wichtiges kaufen, weil es dich jedes Mal wieder an das demütigende Gefühl erinnern würde. Du würdest gucken, dass du es so schnell wie möglich loswirst.

So extrem wie in dem zweiten Beispiel ist es bei den meisten mit ihren Einnahmen zum Glück nicht. Doch wenn du auch zu denen gehörst, die *eigentlich* genug verdienen und am Ende des Monats doch nichts übrig haben, ist es wichtig, dir diese Seite deiner Finanzen ebenfalls anzuschauen, um zu sehen, ob es dort ein emotionales Ungleichgewicht gibt.

5.2.2

Das Gefühlsbarometer
für unsere Einnahmen

```
-10 -9 -8 -7 -6 -5 -4 -3 -2 -1  0  1  2  3  4  5  6  7  8  9  10
```

Hilflosigkeit	Erleichterung	Freude
Angst	Entspannung	Liebe
Schuldgefühle	Neutrales Gefühl	Dankbarkeit
Sorgen	Ruhe	Großzügigkeit
Wut	Frieden	Überfluss
Überwältigung	Zufriedenheit	Glück
Vorwürfe		Selbstbewusstsein
Eifersucht		Hoffnung
Missgunst		Entschlossenheit
Rache		Begeisterung
Gier		
Geiz		

Mangel (–10 bis –3 auf dem Gefühlsbarometer)
Einnahmen aus diesem Bereich sind von einem Gefühl des Mangels, des Widerstands und der Negativität geprägt. Du fühlst dich schlecht,

- weil du dich beziehungsweise deine Arbeit nicht wertgeschätzt fühlst oder
- weil du dir wie ein Hochstapler/Faulpelz vorkommst oder
- weil du dich überbezahlt fühlst oder
- weil du weißt, dass du nicht deine bestmögliche Arbeit abgeliefert hast, oder
- weil du glaubst, der andere Mensch (zum Beispiel die Oma oder der Kunde) kann es sich nicht leisten.

Kurz gesagt: Der Energieausgleich zwischen deinem Einsatz und dem erhaltenen Geld stimmt nicht.

Neutral (–2 bis +2 auf dem Gefühlsbarometer)
Einnahmen aus diesem Bereich sind neutral und emotional nicht aufgeladen, weder was deinen Einsatz noch was die Bezahlung dafür angeht.

Fülle (+3 bis +10 auf dem Gefühlsbarometer)
Gedanken über diese Einnahmen sind geprägt von Liebe, Dankbarkeit, Fülle, Großzügigkeit und positiv aufgeladen. Dein Einsatz fühlt sich gut an, das Geld fühlt sich gut an, und emotional fühlst du dich auch gut.

Vermeidung (ebenfalls –10 bis –3 auf dem Gefühlsbarometer)
In dieser Zone flüchtest du dich in die Arbeit, um dich vor etwas zu drücken. Du verdienst in diesem Zustand Geld, um etwas NICHT zu fühlen oder ein Gefühl zu betäuben. Typisch für diesen Zustand ist, Geld zu verdienen, um sich nicht zu

langweilen, um sich nicht ausgeschlossen zu fühlen oder um sich vor missliebigen Terminen (Familienfeiern, Hausarbeit) zu drücken. Wie oben beschrieben kann die Vermeidung aber auch gut sein, zum Beispiel um dich in Krisen abzulenken oder zu beruhigen.

Die Art des Geldeinnehmens hat nichts mit der Höhe des Einkommens zu tun, sondern mit

- dem gefühlten Gleichgewicht zwischen eingesetzter und erhaltener Energie,
- der eigenen Wertigkeit,
- dem für die Arbeit aufgebrachten Enthusiasmus,
- den eigenen ethischen und moralischen Ansprüchen. (Ein Veganer wird als Controller im Schlachthaus kaum aus einem Gefühl der Fülle heraus Geld verdienen.)

Jetzt bist du dran! Wir benutzen den gleichen Vordruck wie für unsere Ausgaben. Du kannst entweder für deine Einnahmen eigene Blätter verwenden oder alles, nach Datum geordnet, auf demselben Blatt eintragen. Hierzu einfach »Einnahme/Ausgabe« in dem entsprechenden Kästchen festhalten.

Wie bei deinen Ausgaben schreibst du alle Einnahmen auf, die du in den nächsten vier Wochen tätigst, und kreuzt wieder spontan an, wie du dich dabei fühlst. Was alles zu den Einnahmen zählt, habe ich weiter oben aufgelistet. Achte darauf, welche Art der Einnahmen du hast – also nicht nur dein Einkommen auf dem Konto, sondern auch alle anderen Geldströme in deine Richtung.

Genau wie bei den Ausgaben geht es auch hier darum zu schauen, welche Einnahmen sich nicht gut anfühlen, um dann daran etwas zu ändern.

Führe die nächsten vier Wochen
Buch über alle deine Ausgaben und Einnahmen
und notiere, wie du dich dabei gefühlt hast.

Ausgabe / Einnahme	Beschreibung	Betrag

-10 -9 -8 -7 -6 -5 -4 -3 -2 -1 0 1 2 3 4 5 6 7 8 9 10

Ausgabe / Einnahme	Beschreibung	Betrag

-10 -9 -8 -7 -6 -5 -4 -3 -2 -1 0 1 2 3 4 5 6 7 8 9 10

Ausgabe / Einnahme	Beschreibung	Betrag

-10 -9 -8 -7 -6 -5 -4 -3 -2 -1 0 1 2 3 4 5 6 7 8 9 10

Ausgabe / Einnahme	Beschreibung	Betrag

-10 -9 -8 -7 -6 -5 -4 -3 -2 -1 0 1 2 3 4 5 6 7 8 9 10

Ausgabe / Einnahme	Beschreibung	Betrag

-10 -9 -8 -7 -6 -5 -4 -3 -2 -1 0 1 2 3 4 5 6 7 8 9 10

Ausgabe / Einnahme	Beschreibung	Betrag

-10 -9 -8 -7 -6 -5 -4 -3 -2 -1 0 1 2 3 4 5 6 7 8 9 10

Ausgabe / Einnahme	Beschreibung	Betrag

-10 -9 -8 -7 -6 -5 -4 -3 -2 -1 0 1 2 3 4 5 6 7 8 9 10

5.2.3
Was kann ich tun, wenn sich das eingenommene Geld nicht gut anfühlt?

Nehmen wir an, du stellst im Laufe der Wochen fest, dass sich dein Gehalt nicht gut anfühlt. Dann hast du mehrere Möglichkeiten:

Du kannst diese Art der Einnahme in Zukunft sein lassen.
Du kündigst deinen Job und suchst dir etwas Neues. Hier ist es hilfreich, wenn man ein »x Monate nicht arbeiten«-Konto hat, um die Jobsuche entspannt anzugehen. Denn wir wissen alle, wenn wir etwas dringend brauchen, kriegen wir es nicht. Etwas sicherer ist es natürlich, den Job zu behalten und sich auf die Suche nach etwas Neuem zu machen, bevor du kündigst.

Du kannst deine äußeren Umstände ändern.
Wieso genau fühlt sich dein Gehalt nicht gut an? Was stört dich an deiner Arbeit? Gewisse Tätigkeiten? Kollegen? Das Büro? Die Anfahrt? Und was davon kannst du ändern, um es besser zu machen? Achte zum Beispiel mal darauf, zu welcher Tageszeit dir welche Aufgaben leichter fallen. Ich kann beispielsweise morgens prima übersetzen, aber nicht so gut coachen, und nachmittags / abends ist es genau umgekehrt. Ist es entspannter, mit dem ÖPNV, mit dem Auto oder dem Fahrrad zur Arbeit zu fahren? Kannst du die Mittagspause für Sport, Spaziergänge oder Erledigungen nutzen, die du dann nach Feierabend nicht mehr machen musst? Stell einfach mal alles infrage ... und vielleicht auch auf den Kopf.

Du kannst deine Geschichte zu der Einnahme ändern. Vielleicht ist der aktuelle Job das perfekte Sprungbrett, um aus der Sicherheit heraus neue Ziele zu definieren und anzugehen? Vielleicht nervt dieser eine Kunde hin und wieder, dafür zahlt er aber immer pünktlich? Möglicherweise ist der Club für den Auftritt deiner Band mies, aber das Publikum ist super? Versuche, etwas Positives zu finden, das du glauben und spüren kannst, damit sich die Einnahme besser anfühlt.

1. Beispiel: Geldströme umwidmen

Beim Thema Einnahmen war Michaela in einem meiner Workshops richtig verzweifelt. Sie hätte sehr gerne auf den Unterhalt ihres Exmannes für ihre Kinder verzichtet, aber das konnte sie nicht. Und doch fühlte sich das Geld jedes Mal schlecht an.

»Ich finde es so ungerecht, dass ich meinen Kindern mit seinem Geld lauter schöne Sachen ermöglichen kann, während ich von meinem Geld den ganzen Alltag bestreiten muss. Das ist einfach nicht fair.«

Für sie war klar: Das Geld von ihrem Exmann geht direkt an ihre Kinder, womit er in ihren Augen noch immer einen direkten Einfluss auf sie hatte. Und noch dazu war er dadurch für den spaßigen Teil ihres Lebens zuständig, wohingegen sie den langweiligen Alltag bewältigen musste.

Das war eine interessante Geschichte, die sie sich da zurechtgelegt hatte. Eine schmerzhafte Geschichte, die wir nicht einfach so stehen lassen konnten. Also haben wir nach einer Lösung gesucht, wie sich das Geld von ihrem Exmann besser – ja sogar gut – anfühlen kann. Und wir haben sie gefunden: Michaela hat das Geld »umgewidmet«. Da ohnehin das gesamte Geld auf dasselbe Konto ging, war es egal, welchen

Teil davon sie für was benutzte. So hat sie entschieden, mit dem Geld ihres Exmanns die Nebenkosten für ihre Wohnung zu bezahlen – »Wie herrlich zu wissen, dass ich es dank ihm im Winter schön warm habe!« Und damit blieb ihr von »ihrem« Geld genügend übrig, um etwas Schönes mit ihren Kindern zu unternehmen.

> **DENK IMMER DRAN: WENN DIE GESCHICHTE GUT IST, IST ES EGAL, OB SIE STIMMT.**

Natürlich ging vorher nicht genau das Geld vom Exmann an ihre Kinder, genauso wenig, wie jetzt das Geld von ihrem Exmann direkt in ihre Nebenkosten fließt und ihr Geld an ihre Kinder geht. Aber wenn die ursprüngliche Geschichte uns wehtut oder Probleme bereitet, spricht nichts dagegen, sie umzuschreiben.

2. Beispiel: Violas neues Mantra

In ihrem letzten Job fühlte Viola sich oft unterbezahlt, weil sie das Gefühl hatte, zu wenig Geld für zu viel Arbeit zu erhalten. Dieses Einkommen hat sich nie gut angefühlt – und außerdem blieb am Ende des Monats nie etwas übrig. In ihrem aktuellen Job hingegen ist es umgekehrt: Die Bezahlung ist gut, aber Viola hat oft mehrere Stunden Leerlauf am Tag, weshalb sie sich unterfordert und überbezahlt fühlt. Auf dem Konto führt es zu dem gleichen Ergebnis: Am Ende des Monats ist es leer.

In unserem Workshop ist sie auf eine geniale Idee gekommen, um ihre Geschichte umzuschreiben. Aus »Ich sitze hier den halben Tag rum und werde fürs Nichtstun bezahlt« wurde »Ich werde für die Bereitschaft bezahlt, bei Bedarf zu 150 Prozent da zu sein.«

Merkst du den Unterschied zwischen den beiden Aussagen?

Diese neue Geschichte ist umso mächtiger, weil Viola selbst darauf gekommen ist. Das Gefühl der Unterforderung ist seitdem verschwunden – und das Gehalt fühlt sich so gut an, dass am Ende des Monats endlich mal was übrig bleibt.

3. Beispiel: Raus aus der Bedürftigkeitsspirale

Immer wieder arbeite ich mit Klienten, die es einfach nicht schaffen, finanziell auf den sogenannten grünen Zweig zu kommen. Bei vielen von ihnen liegt es daran, dass sie in der Bedürftigkeitsspirale hängen bleiben, wie uns das Beispiel von Carola im Kapitel »Liebe« gezeigt hat. Als sie ihre Erkenntnis dazu in einem Workshop teilte, nickte Lena, eine weitere Teilnehmerin, zustimmend. Lena erhielt zwar keine finanzielle Zuwendung, erzählte aber, wie gut es ihr tat, wenn sie von Eltern und Freunden Trost oder aufmunternde Worte über ihre Situation zu hören bekam.

»Du Arme, dass du aber auch immer so kämpfen musst.«

»Irgendwann hast du auch mal eine Glückssträhne.«

»Du wirst sehen, bald geht es bergauf.«

Das Mitgefühl hinter diesen Worten zu spüren tat ihr gut. Und die Angst, dieses Mitgefühl oder die durch Geld ausgedrückte Zuneigung zu verlieren, hat beide in der finanziellen Bedürftigkeitsspirale festgehalten.

»Denn wenn ich anfange, mich besser um mein Geld zu kümmern, mich am eigenen Schopf aus dem Morast herauszuholen, ist da keiner, der sagt: ›Gut gemacht!‹, oder: ›Weiter so.‹ Wenn ich dort bleibe, wo ich bin, bekomme ich Mitgefühl. Wenn ich mich da raushole, bekomme ich nichts, nicht mal ein Lob«, stellte Lena später fest.

Richtig, Lena! Das bedeutet es, erwachsen zu sein. Wenn du anfängst, die Verantwortung für dein Leben zu übernehmen, hörst du gleichzeitig auf, Kind zu sein. Und du wirst feststellen, dass die Selbstachtung, die du gewinnst, wenn du auf eigenen Füßen stehst, sich noch viel besser anfühlt als das Lob anderer.

DU KANNST DICH
NICHT REICH SPAREN

Alle Ratgeber, die ich in den letzten Jahren zum Thema »Finanzprobleme lösen« gefunden habe – ob Bücher, Zeitschriftenartikel oder Blogs –, geben zusammengefasst immer den gleichen Rat: »Um mit deinem Geld auszukommen, musst du nur weniger ausgeben, als du einnimmst.« Natürlich hilft es, wenn du weniger ausgibst, als du einnimmst. Dennoch fehlen diesem Konzept, meiner Erfahrung nach, ein paar entscheidende Punkte. Neben der emotionalen Komponente (Wieso gibt jemand überhaupt mehr aus, als er hat?), die immer sträflich vernachlässigt wird, lässt dieser Rat vor allem eine wichtige Frage komplett unbeantwortet: Was, wenn das Einkommen so gering ist, dass es gerade (oder noch nicht einmal) die Lebenshaltungskosten deckt? Wenn es einfach kein Sparpotenzial mehr gibt?

Ob Ausbildung, Umschulung, Arbeitslosigkeit oder ein geringes Gehalt – die Gründe, warum jemand am Monatsende mit Glück plus/minus null herauskommt, sind vielfältig. Was sie gemeinsam haben, ist, dass man mit Sparen hier nicht weiterkommt. Deshalb drehe ich den obigen Rat um:

> WENN DEIN GELD NICHT REICHT,
> MUSST DU MEHR EINNEHMEN,
> ALS DU AUSGIBST.

Denn eines ist klar: Man kann sich nicht reich sparen. Wir benötigen ein gewisses finanzielles Minimum, um an unserer westlichen Gesellschaft teilzunehmen. Selbst die kleinste, günstigste Wohnung kostet Miete, und um zur Arbeit zu kommen, brauchen wir oft ein Transportmittel, und sei es nur ein Fahrrad. Selbst wenn wir zu Fuß gehen, tun wir das besser mit Schuhen, die aber auch irgendwie bezahlt werden wollen.

Wenn wir also nicht in eine einsame Hütte im Wald ziehen und dort zum Selbstversorger werden wollen, müssen wir jeden Monat einen gewissen Geldbetrag ausgeben.

Haben wir nun also unsere Ausgaben auf Herz und Nieren geprüft und verändert und es reicht doch noch nicht, um entweder unseren Alltag zu finanzieren oder um anzufangen, ein Polster aufzubauen, bleibt uns nur eine Möglichkeit: die Einnahmen zu erhöhen.

Richtig gelesen. Du musst einfach nur mehr Geld verdienen. Bevor du jetzt die Augen verdrehst und denkst: *Ha ha, sehr witzig*, bleib noch einen Moment bei mir.

Wie hast du dein allererstes Geld verdient, egal ob Ferienjob, Ausbildung oder während des Studiums?

1. Du hast dich irgendwo beworben.
2. Du hast den Job bekommen.
3. Du hast deine Arbeit zuverlässig und freundlich erledigt.
4. Du hast am Ende des Monats dein Geld bekommen.

Vier Schritte. Mehr hast du nicht tun müssen, um dein erstes Geld zu verdienen.

Und weißt du was? Daran hat sich nichts geändert. Es sind weiterhin nur vier Schritte nötig, um Geld zu verdienen. Ob als Angestellter (Vorstellungsgespräch, Jobzusage, Arbeit abliefern, Gehalt kassieren), als Freiberufler (Angebot abgeben, Projektzusage, Arbeit abliefern, Honorar kassieren) oder als

Selbstständiger (Produkt entwickeln, Produkt am Markt anbieten, Produkt verkaufen, Einkünfte generieren), es sind nie mehr als vier Schritte.

Was uns zum Stolpern bringt, sind unsere Gedanken dazu.

Ich habe keine Zeit für einen Nebenjob.

In meinem Alter nimmt mich keiner mehr.

Wenn ich etwas dazuverdiene, zieht es mir das Arbeitsamt ja sowieso wieder ab.

Wegen der Kinder kann ich nachmittags nicht aus dem Haus.

Ich habe schon ungefähr hundertsieben Ausreden gehört, und es werden bestimmt noch einige dazukommen. Wenn du eigentlich gar nichts an deinem Leben ändern willst, ist an einer schönen Ausrede auch nichts auszusetzen. Wenn du aber unter dem Istzustand leidest, ist es an der Zeit, dich ein für alle Mal von deinen Ausflüchten zu verabschieden, egal, wie lieb du sie gewonnen hast.

Denn das Einzige, was zwischen dir und einem höheren Einkommen steht, sind deine Gedanken. Sieh nicht auf das, was nicht geht, sondern auf das, was möglich ist.

Wenigstens einen Tag am Wochenende könnte ich arbeiten.

Meine Erfahrung wird irgendwo gebraucht.

Je mehr ich dazuverdiene, desto unabhängiger werde ich vom Arbeitsamt und desto eher finde ich dank neuer Erfahrungen einen Job, mithilfe dessen ich die staatliche Unterstützung am Ende gar nicht mehr brauche.

Es gibt bestimmt einen Job, den ich von zu Hause aus machen kann.

Diese Sätze habe ich mir nicht ausgedacht, sondern sie sind aus meinem unmittelbaren Leben gegriffen.

Mein Coach hat nach ihrer Scheidung als Alleinerziehende über eine halbe Million Dollar Schulden abzahlen müssen und deswegen zu ihrem Hauptberuf noch zwei Nebenjobs angenommen. Nach fünf Jahren war sie schuldenfrei.

Mein Vater hat nach seiner Pensionierung als freiberuflicher Berater für einen ehemaligen Kunden gearbeitet.

Zwei gute Freunde von mir haben sich durch die von ihnen angebotenen Dienstleistungen nach und nach aus Hartz IV herausgearbeitet und benötigen jetzt keinerlei staatliche Unterstützung mehr.

Und ich kenne unzählige tolle Frauen, die sich parallel zum Muttersein als Aufräumcoach, Möbelrestauratorin, Yogalehrerin, Übersetzerin, Spielzeugherstellerin … erfolgreich selbstständig gemacht haben und so Kinder und Beruf unter einen Hut bringen.

Sie alle sind die vier Schritte gegangen. Und du kannst das auch. Deshalb findest du am Ende dieses Kapitels eine kleine Übung zum Brainstorming, die nicht nur Spaß, sondern dich hoffentlich auch auf ein paar Ideen bringt, wie und womit du dein Einkommen aufbessern kannst.

Es wäre schon schön, ein bisschen mehr Geld zu haben

Selbst Menschen, die ganz gut mit ihrem Einkommen klarkommen, äußern mir gegenüber oft den Wunsch, mehr zu verdienen. Denn es wäre schon schön, ein bisschen mehr zu haben, um sich ein paar Wünsche oder Träume erfüllen zu können.

Leider stehen wir uns in diesem Fall oft selbst im Weg. Wir *möchten* gerne mehr Geld verdienen, aber richtig *wollen* tun wir es nicht. Das ist ein kleiner, aber entscheidender Unterschied. Etwas zu möchten bedeutet, kompromissbereit zu sein. Ich möchte in den Ferien nach Barcelona, aber wenn mein Mann nach Rom will, ist das auch in Ordnung. Es ist ein Wunsch, ein Traum, von dem wir aber nicht unbedingt voraussetzen, dass er sich erfüllt.

Etwas zu wollen hingegen bedeutet, den Willen zu haben, es durchzuziehen. Ich will im Urlaub nach Barcelona, notfalls fahre ich auch alleine. Es ist kein Traum, sondern ein Vorhaben, an dessen Umsetzung keinerlei Zweifel bestehen.

In meinem amerikanischen Coachingforum gab es ein sehr plastisches Beispiel dafür, wie weit sich das, was wir möchten, von dem unterscheiden kann, was wir wollen.

Eine Klientin hatte ein Jahr zuvor freiwillig ihren Job gekündigt. Ihre Ersparnisse waren nun fast aufgebraucht, und sie war auf der Suche nach einer neuen Arbeitsstelle. Die sollte Spaß machen, aber auch genügend Geld einbringen, um ihre Wünsche zu erfüllen. Ich fragte sie, welche Wünsche sie denn habe.

»Ich möchte ein hübsches Haus in einer schönen Gegend. Ich will reisen, wann und wohin ich möchte und auf die Art, die mir gefällt. Ich möchte meine Eltern unterstützen und ein paar Verwandte, denen es nicht so gut geht. Und ich möchte Geld für Projekte spenden, die mir am Herzen liegen.«

Meine nächste Frage war, ob sie den einzelnen Posten Zahlen zuordnen könne, um zu sehen, wie viel sie verdienen müsste, um das alles zu realisieren.

Ihre Antwort: »Oh Gott, nein, das kann ich nicht. Das ist mir irgendwie peinlich. Ich fühle mich dann so … geldgierig. Außerdem fürchte ich, wenn ich wirklich jemals so viel verdienen sollte, reicht es mir vielleicht doch nicht. Oder es ist zu viel. Oder meine Familie / meine Freunde wollen nichts mehr mit mir zu tun haben.«

Das ist der ganz große Knackpunkt, und wenn wir den

nicht überwinden, werden wir niemals Frieden mit unserem Geld schließen: Sie möchte die Dinge, die Geld ihr kaufen kann – Haus, Reisen, die Familie unterstützen –, aber sie will das Geld nicht. Ein Haus zu haben, zu reisen, zu spenden – das alles ist nicht peinlich, und es wirkt auch nicht geldgierig. Doch mit ihrer Arbeit das Geld zu verdienen, um sich die Sachen zu leisten, schon. Das Haus zu haben, die Reisen zu unternehmen, die Eltern zu unterstützen … all das weckt in ihr nicht den Gedanken, dass es nicht reichen oder gar zu viel sein könnte. Doch beim Geld selbst hat sie diese Befürchtungen. Die Sachen zu besitzen bzw. zu tun treibt keinen Keil zwischen sie und ihre Familie / ihre Freunde, das Geld vielleicht schon.

Es sind die Gedanken, die sie mit dem Geld verbindet, die sie davon abhalten, es zu verdienen. Es sind ihre Gefühle in Bezug auf das Geld, die ihr im Weg stehen.

Und das ist genau der Grund, warum es nicht reicht, dass du deine Ausgaben zurückfährst, um deine Schulden loszuwerden oder dein Vermögen zu vergrößern. Du musst auch gewillt sein, mehr Geld zu verdienen. Mehr Geld als bisher. Du musst dich trauen, deine wohlhabende Zukunft nicht nur zu erträumen, sondern sie aus ganzem Herzen und ohne Angst zu wollen. Anschließend gilt es dann, alles Nötige dafür zu tun, um sie Wirklichkeit werden zu lassen.

> *ZUM ABBAU VON SCHULDEN ODER ZUM AUFBAU EINES VERMÖGENS REICHT ES NICHT, EINFACH WENIGER GELD AUSZUGEBEN. MAN MUSS AUCH DEN MUT BESITZEN, MEHR GELD EINZUNEHMEN.*

Als ich diese These auf meinem Blog veröffentlicht habe, bekam ich viele Rückmeldungen.

»Ich habe keine Angst vor Geld.«

»Ich stehe Geld vollkommen neutral gegenüber.«

So lautete der Tenor der meisten Kommentare.

Wirklich? Ich kann das bis heute nicht so recht glauben. Und ich sage dir auch, wieso. Machen wir einen kleinen Test:

Was denkst du, wenn ich dir jetzt sage, ich will 12 000 Euro im Monat verdienen?

Zuckst du ein bisschen zusammen? Bist du dir nicht mehr sicher, was du von mir halten sollst? Denkst du: *Das ist aber dreist!*, oder: *Ah, sie hat also beschlossen, etwas kürzerzutreten, freut mich für sie?*

Ich bin mir sicher, irgendwo dazwischen liegt deine Reaktion. Und so reagierst du nicht nur mir gegenüber, sondern auch dir selbst gegenüber. Sprich jetzt einmal laut aus, wie viel Geld du gern im Monat verdienen möchtest. Ich will nicht hören: »Na ja, laut Tarifvertrag könnte ich xy verdienen …«, oder: »Realistisch gesehen könnte ich es auf yz bringen.« Sondern einfach nur eine Zahl.

1 000 Euro.

2 000 Euro.

3 000 Euro.

4 000 Euro.

5 000 Euro.

6 000 Euro.

Wird es langsam unangenehm?

7 000 Euro. 8 000 Euro. 9 000 Euro. 10 000 Euro. 20 000 Euro. 50 000 Euro.

Wo liegt deine persönliche Schmerzgrenze? Wo wirst du für dich selbst unglaubwürdig? Wenn du den Punkt erreicht hast, schieb das unangenehme Gefühl nicht beiseite, sondern schau genauer hin. Wieso fühlt es sich komisch an? Was für Gedanken kommen in dir hoch? Welche Vorurteile über Leute, die diese Summe verdienen, halten dich zurück?

Was würdest du denken, wenn ich dir jetzt verrate, dass jeder, der dieses Buch bislang gelesen hat, seine persönliche Höchstgrenze zwischen 15 000 und 21 000 Euro gesetzt hat?

Deine Gedanken:

Und was verändert sich für dich, wenn ich sage, alle haben ihre Grenze zwischen 2 500 und 4 200 Euro gesetzt?

Deine Gedanken:

Merkst du, wie die unterschiedlichen Summen unterschiedliche Reaktionen in dir hervorrufen? Die Sache ist die: Du wirst nie mehr Geld verdienen, als du dir zutraust. Wenn sich dein Magen beim Gedanken an 2 500 Euro schon zusammenkrampft, wirst du niemals ein Gehalt von 4 000 Euro verlangen. Wenn du glaubst, dass Menschen, die 12 000 Euro im Monat bekommen, rücksichtslose Egoisten sind, wirst du niemals so viel Geld verdienen. Das sind nämlich genau die Gedanken und Geschichten, die dich vom Geldverdienen abhalten.

Aber was kannst du dagegen tun? Durch den kleinen Test oben hast du jetzt eine ganz gute Vorstellung davon, was du dir im Moment zutraust. Strecke von hier aus deinen Geist in kleinen Schritten immer ein bisschen mehr. Hinterfrage deine Vorurteile und Überzeugungen. Kennst du jemanden, der mehr Geld verdient und glücklich, nett, rücksichtsvoll ist? Was könnte sich in deinem Leben zum Positiven verändern, wenn du dich trauen würdest, mehr Geld zu verdienen? Denk immer daran: Niemand ist Geld gegenüber unvoreingenommen, aber jeder hat die Wahl, ob er es mit einem positiven oder negativen Blick betrachten will.

5.4

DAS ZIEL IST DAS ZIEL

Ich glaube nicht, dass man bei der NASA damals gesagt hat: »Wir haben hier so viel Zeug herumliegen, mal sehen, was wir daraus basteln können.« Und Jahre später: »Ach, sieh an, eine Rakete. Die könnten wir ja eigentlich mal abfeuern. Hat jemand Lust mitzufahren? Armstrong, Aldrin, wie wär's, habt ihr Zeit? Keine Ahnung, wohin es geht, aber wird bestimmt lustig.« Und weitere Monate später: »Ich fasse es nicht, Jungs, guckt mal, die sind auf dem Mond.«

Nein, irgendwer hatte den Traum, auf dem Mond zu landen, hat sich diesen Traum zum Ziel gesetzt und dann alle notwendigen Schritte unternommen, um es zu erreichen. War es zu Anfang ein realistisches Ziel? Für die Mehrheit der Bevölkerung nicht, aber für ein paar wenige schon. Und diese wenigen Menschen haben sich durch nichts von ihrem Weg abbringen lassen.

Genau diese Einstellung brauchst du, wenn du finanziell erfolgreich sein willst. Als Erstes setzt du dir ein Ziel. Dann überlegst du die einzelnen Schritte, die du gehen musst, um es zu erreichen. In vielen anderen wichtigen Bereichen unseres Lebens ist dieses Vorgehen für uns ganz natürlich. Du willst studieren, also machst du erst einmal dein Abi. Du willst Arzt werden, also studierst du erst einmal Medizin. Du willst eine neue Arbeitsstelle, also schreibst du erst einmal eine Bewerbung. Nur beim Geld glauben viele, es würde ihnen einfach so passieren, es würde ihnen zugeteilt werden. Von irgendjemandem, der die Macht dazu hat. Weil er Chef ist.

Oder Kunde. (Ha. Du bist auch manchmal Kunde. Du hast also auch die Macht, jemandem Geld zuzuteilen.)

Aber auch Geld ist ein Ziel, das du nur erreichen kannst, wenn du es dir setzt.

Die Frage, die du dir stellen musst, lautet also nicht: »Wie viel Geld kann ich in meinem Job verdienen?«, sondern: »Ich will 5000 Euro verdienen – wie schaffe ich das?« Denk dabei über den Tellerrand hinaus. Bezieh deine Talente, Fähigkeiten, Hobbys, Interessen mit ein. Überlege, welche anderen Möglichkeiten es gibt, Geld zu verdienen, außer es gegen deine Zeit und Arbeitskraft zu tauschen. Eine Möglichkeit ist passives Einkommen über Produkte, die nur einmal hergestellt, aber unendlich oft verkauft werden können (Bücher, Onlinekurse, Musik, Schnittmuster, Rezepte …), eine andere sind Investitionen am Aktien- oder Immobilienmarkt. (Mehr dazu, wie du dich an dieses Thema herantrauen kannst, folgt im letzten Kapitel.)

Mach es wie die Jungs von der NASA: Lass dich nicht von der vermeintlichen Realität aufhalten. Diese Realität ist nämlich eine, in der es viele, viele Menschen gibt, die pro Tag 10000 Euro verdienen. Und viele, viele Menschen, die nicht mal in einem Jahr auf diese Summe kommen.

DIE REALITÄT BIETET JEDEM DEN SPIELRAUM, DEN ER SICH ZUTRAUT.

Vielleicht überfällt dich auf dem Weg dorthin die Angst, es nicht zu schaffen. Oder die Angst, von anderen für dein Streben verurteilt zu werden. Die Angst, das Ziel zu hoch oder zu niedrig angesetzt zu haben.

Aber weißt du was? Nur weil du es im ersten Anlauf nicht packst, heißt das nicht, dass du es niemals schaffst. Nur weil andere dich verurteilen, bedeutet das nicht, dass sie recht haben. Und nur weil du dir ein Ziel gesetzt hast, heißt das nicht, dass du es nicht jederzeit korrigieren kannst. Schließlich ist es *dein* Ziel.

**Die reinste Form des Wahnsinns ist es,
alles beim Alten zu belassen und gleichzeitig
zu hoffen, dass sich etwas ändert.**

ALBERT EINSTEIN

Die oder der Einzige, der etwas ändern kann, bist du. Nicht dein Chef, nicht deine Kunden, nicht deine Kollegen, nicht dein Partner. Vielleicht wirkt es auf den ersten Blick bequemer, wenn man die Verantwortung an jemand anderen abgeben kann. Aber spannender und erfüllender ist es, sein Leben selbst in die Hand zu nehmen.

Wie ich oben geschrieben habe, lautet die Frage, die du dir stellen musst, nicht: »Wie viel Geld kann ich in meinem Job verdienen?«, sondern: »Ich will 5 000 Euro verdienen, wie schaffe ich das?« Diese Umformulierung ist aus psychologischer Sicht sehr wichtig. Unser Gehirn ist so gepolt, dass es immerzu nach Lösungen sucht. Wir kennen das, wenn wir nachts nicht schlafen können und uns die unglaublichsten Gedanken durch den Kopf gehen – nach Lösungen zu suchen ist der Schnuller des menschlichen Gehirns. Für die Frage »Wie viel Geld kann ich verdienen?« gibt es aber keine Lösung, wenn wir einmal voraussetzen, dass Lösungen etwas sind, das wir in Angriff nehmen und umsetzen können. Deine Gedanken werden sich nur um Zahlen drehen. Darum, was deine

Kollegin vielleicht verdient, was der Branchenreport sagt, welchen Einfluss der Weltmarkt hat ... sinn- und ziellose Gedanken.

Ganz anders die Fragestellung: »Ich will 5 000 Euro verdienen, wie schaffe ich das?« Hier fängt dein Gehirn an, wirklich lösungsorientiert zu denken. Welche Talente, Fähigkeiten, Interessen hast du? Welche Überschneidungen gibt es zu deiner aktuellen Tätigkeit, zu deiner Wunschtätigkeit? Was müsstest du tun, um diese Ideen umzusetzen? Welche Schritte sind dazu erforderlich? Bei einer solchen Aufgabenstellung blüht das Gehirn förmlich auf.

ÜBUNG:
Womit kann ich Geld verdienen?

Nimm dir einen Zettel, und schreibe oben in die Spalten alle Themen, die dich interessieren. Notiere dann in den Zeilen alle Talente, die du hast. Nun finde für so viele Kombinationen wie möglich etwas, was sich daraus machen lässt.

Bei mir sähe das zum Beispiel so aus:

Interessen / Fähigkeiten	SPRACHEN	HUNDE	BÜCHER	COACHING	REISEN
SCHREIBEN	Übersetzen	Hunderatgeber schreiben	Roman schreiben Rezensionen erstellen	Übersetzer-workshops Autorentraining	Reiseführer oder -blog schreiben
UNTER-RICHTEN	Nachhilfe oder Unterricht in Deutsch oder Englisch geben	In Hundeschule unterrichten. Einzelstunden für Hundehalter geben	Coachingbuch schreiben	Coachingkurse geben	Workshops in aller Welt anbieten
KOCHEN	Kochkurse mit Sprachunterricht anbieten	Hundekekse backen und verkaufen	Kochbücher übersetzen	Retreats für Geist und Körper anbieten	Kochen für Unterkunft
RALLYE-BEIFAHRERIN	Unterlagen für internationale Rallyes übersetzen	Hundewanderungen ausarbeiten und vermarkten	Tipps für Rallyebeifahrer entwickeln	Onlinekurse für Rallye-beifahrer geben	Die schönsten Routen für Oldtimerfahrer an der Costa Blanca anbieten

Setz deiner Fantasie in diesem ersten Schritt keine Grenzen. Lass selbst die absurdesten Kombinationen zu. Du interessierst dich für Oldtimer und kannst gut backen? Schreib »Torten in Autoform backen« auf. Du liebst Hochzeiten und Scrapbooking? Daraus könnten individuelle Hochzeitsalben werden. Du kennst dich mit Antiquitäten aus und reist gerne? Vielleicht wärst du ein guter Antiquitätenscout.

Sobald du einmal angefangen hast, deinen Geist für neue Ideen zu öffnen, werden anfangs immer mehr dazukommen. Also lass den Zettel irgendwo liegen, wo du schnellen Zugriff auf ihn hast, und notiere im Laufe der ersten Woche alles, was dir noch in den Sinn kommt. Nach einer Zeit wirst du feststellen, dass dir einige Ideen öfter durch den Kopf gehen, dass dir zu ihnen weitere Aspekte einfallen und sie immer mehr Gestalt annehmen. Wenn du daran denkst, sie wirklich in die Tat umzusetzen, verspürst du eine leichte Aufregung, ein inneres Kribbeln. Das sind die Ideen, die du weiterverfolgen solltest, denn sie haben das Potenzial, dich zu begeistern und somit von dir umgesetzt zu werden.

Was könntest du tun?

Interessen / Fähigkeiten				

MEDITATION:
WER WÜRDE DAVON PROFITIEREN,
WENN DU MEHR GELD HÄTTEST?

Wenn dir die Vorstellung, mehr Geld zu verdienen, noch ein wenig unheimlich ist, dann ist die folgende Meditation genau das Richtige für dich. Sie heißt: »Wer würde davon profitieren, wenn du mehr Geld hättest?«

Als ich diese Frage das erste Mal in einem Workshop stellte, schauten mich alle Teilnehmerinnen an, als wollte ich sie in die Falle locken.

»Das ist doch eine Fangfrage, oder? Wenn wir jetzt sagen: ›Ich‹, ist das garantiert falsch.«

Nein, es ist keine Fangfrage. Und »ich« ist eine sehr gute erste Antwort. Doch damit hört es nicht auf. Eine Geschichte, die unsere Gesellschaft sich im Ganzen erzählt, ist, dass Geld die Menschen trennt. (Ich sage nur: »Geld zerstört Freundschaften.«) Doch wenn wir Geld richtig anwenden, tut es genau das Gegenteil: Es verbindet uns mit der ganzen Welt.

Geld ist Energie, und Energie muss fließen. Es wird erst problematisch, wenn Energie gestaut wird. Richtig anwenden heißt demnach, dass wir das Geld nicht horten, sondern im Fluss halten, sprich: die richtige Balance zwischen Einnehmen, Ausgeben und Aufbewahren (also sparen oder Investieren) finden.

Fangen wir also an. Wer würde profitieren, wenn du mehr Geld hättest? Mach eine Liste mit all den Menschen, die in direkter Verbindung mit dir stehen und profitieren würden.

Meine Liste sähe zum Beispiel so aus:

- Ich.
- Der Bioladen im Ort, weil ich öfter dort einkaufen würde.
- Meine Hundesitterin, weil ich sie auch mal buchen würde, damit sie mit Lola spazieren geht, wenn ich wenig Zeit habe.
- Meine Pilateslehrerin, weil ich zweimal in der Woche in ihre Stunde gehen würde anstatt einmal.
- Eine Assistentin, die ich einstellen würde, damit sie mir gewisse Aufgaben abnimmt und ich mehr Zeit für die Dinge habe, in denen ich gut bin.

Nachdem du diese Liste an »Erstkontakten« erstellt hast, geht es einen Schritt weiter. Such dir einen der Kontakte aus und überlege, was wiederum dort passieren würde. Als Beispiel dient die Assistentin auf meiner Liste.

Nehmen wir an, ich habe mehr Geld und engagiere eine Assistentin, die mir gewisse Aufgaben abnimmt, damit ich mich auf das konzentrieren kann, worin ich gut bin.

Von mehr Geld würden also profitieren:

- Ich.
- Eine Assistentin.

Durch meine Aufträge kann die Assistentin es sich jetzt leisten, ihrem Kind den Karatekurs zu bezahlen.

Von mehr Geld würden also profitieren:

- Ich.
- Eine Assistentin.
- Ihr Kind.
- Dessen Karatelehrer.

Und so geht es immer weiter.

Schauen wir uns das Beispiel mit dem Bioladen an. Wenn ich dort den fair angebauten Kaffee aus Brasilien kaufe und die Kette verfolge, helfe ich: dem Ladenbesitzer, dem Zwischenhändler, dem Transportunternehmen … und lande schließlich bei dem Kaffeebauern, der womöglich sein Kind auf die Schule schicken kann. Und alles nur, weil ich mehr Geld habe.

Ich mag diese Übung sehr, weil sie mir immer wieder vor Augen führt, wie Geld uns alle miteinander verbindet, wenn wir es nur richtig einsetzen. Wenn wir mehr Geld haben, können wir besser handeln. Wir können die Themen, die uns wichtig sind – wie Umweltschutz, bessere Haltungsbedingungen für Tiere, schadstofffreie Kleidung, fair gehandelte Waren, Investitionen in nachhaltig agierende Unternehmen … –, gezielt fördern und unterstützen.

Und was ich noch so an dieser Übung mag, ist, dass man sie wunderbar als Meditation nutzen kann – und zwar am besten abends im Bett, denn es ist eine Meditation, bei der man gerne einschlafen darf. Geh dazu so vor wie oben beschrieben: Überleg erst, welche Menschen in direkter Linie davon profitieren würden, wenn du mehr Geld hättest. Stell sie dir als kleine Lichtpunkte vor. Dann nimm dir den ersten davon heraus, und führe die Kette weiter. Stell dir auch die folgenden Personen als Lichtpunkte vor, die alle durch Lichtstrahlen miteinander verbunden sind. Je weiter du gehst, desto mehr siehst du, wie sich ein Netz aus Lichtpunkten über die ganze Welt spannt – und wie sehr du dank des Geldes mit allen Menschen verbunden bist. Kann es ein schöneres Gefühl vor dem Einschlafen geben?

EXKURS: SCHULDENABBAU

Wenn wir unsere Aufmerksamkeit auf unsere Einnahmen und Ausgaben richten, stellen wir vielleicht fest, dass es da eine Gruppe an Ausgaben gibt, die uns besonderes Unbehagen bereitet: Kredite und Darlehen, egal ob von Banken, Läden, Familie oder Freunden. Zu dem Zeitpunkt, als wir das Geld erhalten haben (Einnahme), fühlte es sich vermutlich erst einmal gut an, weil es uns aus einer Bredouille gerettet oder uns einen Wunsch erfüllt hat (Konsumkredit). Doch nun zahlen wir jeden Monat dafür – und so richtig wohl fühlen wir uns damit nicht.

Was also tun? Schulden zu haben bedeutet, dass dein Geld dir bis auf den Teil, den du zum Überleben brauchst, nicht gehört. Wie bei den Steuern, darfst du das Geld nur verwalten, bis du es zurückgeben kannst. So betrachtet ist es kein Wunder, dass Schulden zu haben auf uns lastet. Deshalb lautet mein Rat: Zahle sie so schnell wie möglich ab. Und dazu gibt es, meiner Erfahrung nach, keine schnellere und elegantere Methode als den sogenannten Schuldenschneeball.

DER SCHULDENSCHNEEBALL

Mit dieser Methode bringen wir sozusagen eine Lawine ins Rollen, die unseren Schulden schnell und gründlich den Garaus macht.

Dafür listest du zuerst alle deine Schulden auf, sortiert nach der Höhe, wobei die geringste Summe oben steht.

Zu jeder Summe notierst du die minimale Tilgungsrate pro Monat.

Nun teilst du die Schuldensumme durch die monatliche Tilgung, um herauszufinden, wie lange du noch tilgen musst (Restlaufzeit).

Ganz zum Schluss rechnest du die einzelnen Rückzahlungen zusammen und ermittelst so die Gesamttilgung pro Monat.

Beispiel:

Schuldner	Gesamtsumme	Tilgung/Monat	Restlaufzeit/ Monate
A	500,00	50,00	10
B	1 230,00	50,00	25
C	3 500,00	120,00	29
D	18 000,00	250,00	72
Gesamttilgung/ Monat		470,00	

In diesem Beispiel beträgt die Mindestsumme, die du jeden Monat für alle deine Schulden tilgen musst, 470,00 Euro. Diese Summe bleibt über die gesamte Zeit, in der du die Schulden abbezahlst, fix. Sie wird nur nach und nach anders verteilt.

Du beginnst, indem du monatlich die entsprechenden Summen an deine Gläubiger überweist.

Wenn du in diesem Beispiel nach zehn Monaten die Schulden A abbezahlt hast, fließt der Betrag, den du bis dahin für die Tilgung aufgewendet hast (50,00 Euro), in die Tilgung der Schulden B.

10 Monate später – Schulden A sind abbezahlt:

Schuldner	Gesamtsumme	Tilgung/Monat	Restlaufzeit/Monate
~~A~~	~~500,00~~	~~50,00~~	~~0~~
B	neue Restsumme 730,00	neue Tilgung 100,00	neue Restlaufzeit 7
C	2 300,00	120,00	19
D	15 500,00	250,00	62
Gesamttilgung/Monat		470,00	

Siehst du, dass du für die Abzahlung von Schulden B jetzt nur noch sieben Monate anstelle von fünfzehn benötigst, weil du das Doppelte abbezahlen kannst?

Wenn die Schulden B getilgt sind, geht der Betrag von A und B in die Tilgung der Schulden C und so weiter, sodass du am Ende die gesamte Summe für die Tilgung der Schulden D einsetzt, bis auch diese abbezahlt sind.

7 Monate später – Schulden B sind abbezahlt:

Schuldner	Gesamtsumme	Tilgung/Monat	Restlaufzeit/Monate
~~A~~	~~500,00~~	~~50,00~~	~~0~~
~~B~~	~~730,00~~	~~100,00~~	~~7~~
C	1 460,00	220,00	7
D	13 750,00	250,00	55
Gesamttilgung/Monat		470,00	

7 Monate später – Schulden C sind abbezahlt:

Schuldner	Gesamtsumme	Tilgung/Monat	Restlaufzeit/Monate
~~A~~	~~500,00~~	~~50,00~~	~~0~~
~~B~~	~~730,00~~	~~100,00~~	7
~~C~~	~~1460,00~~	~~220,00~~	7
D	12 000,00	470,00	26
Gesamttilgung/Monat		470,00	

Anstatt insgesamt zweiundsiebzig Monate (also sechs Jahre lang) Schulden abzubezahlen (Schulden D), benötigst du dank des Schneeballsystems in diesem Beispiel nur fünfzig Monate, also vier Jahre und zwei Monate.

Solltest du Schulden haben, bei denen du nur einen festen Betrag im Monat abzahlen kannst, also keine Sonderzahlungen leisten darfst, kannst du den Schuldenschneeball trotzdem benutzen. In diesem Fall gehst du wie oben vor, bis du bei den Schulden angelangt bist, die fixe Tilgungsraten haben. Ab dann überweist du das frei gewordene Geld jeden Monat per Dauerauftrag auf ein Sparkonto, bis dort genauso viel Geld liegt, wie die Restsumme der Schulden beträgt. Nun kannst du die restlichen Raten monatlich von diesem Geld bezahlen und bist quasi zum gleichen Zeitpunkt schuldenfrei wie bei variablen Tilgungen. Hier die Beispielrechnung, wenn Schulden D fixe Raten haben:

Schulden D mit fixen Raten

Schuldner	Gesamtsumme	Tilgung/Monat	Restlaufzeit/Monate
~~A~~	~~500,00~~	~~50,00~~	~~0~~
~~B~~	~~730,00~~	~~100,00~~	~~7~~
~~C~~	~~1460,00~~	~~220,00~~	~~7~~
D	**12 000,00**	**250,00**	**48**
Ansparen		220,00	
Gesamttilgung/Monat		470,00	

In diesem Fall hättest du nach gut sechsundzwanzig Monaten auf dem Sparkonto so viel Geld, wie noch abzuzahlen ist. Das bedeutet, auch hier verkürzt du die Restlaufzeit des Kredits um etwa zwanzig Monate! Ein schöner Nebeneffekt ist: Du siehst, dass du trotz Schulden parallel ein Guthaben aufbauen kannst, was eine enorme psychische und emotionale Hilfe für dein Selbstwertgefühl ist.

Ich gebe zu, ich mag Tabellen und Übersichten. Sie helfen mir, motiviert zu bleiben, weil ich jederzeit meinen Erfolg sehen kann. Ich weiß allerdings auch, dass das nicht jedermanns Geschmack ist. Wenn dich so eine Tabelle eher abschreckt, dann werde kreativ und such dir eine Möglichkeit, den Abbau der Schulden sichtbar zu machen, die dich anspricht.

Du könntest dir zum Beispiel ein großes Mandala ausdrucken und jedes Mal, wenn du eine bestimmte Summe abbezahlt hast, eines der Felder bunt ausmalen. Oder du kaufst dir ein Tausend-Teile-Puzzle, wo jedes Puzzleteil für fünf, zehn oder hundert abbezahlte Euro steht und du entsprechend viele Teile zusammensetzen darfst. Vielleicht häkelst oder strickst du gerne und nutzt die Handarbeit als Gradmesser für deinen Erfolg.

Wenn du dir nach dem Abzahlen deiner Schulden etwas richtig Gutes tun willst, dann behalte die neu erworbene Disziplin bei, um dir etwas aufzubauen. Nimm zum Beispiel die Hälfte der Summe, die bisher für die Tilgung draufging, um deinen Alltag zu erleichtern – immerhin bist du jetzt schuldenfrei und solltest ein wenig freier leben können –, und fang an, die andere Hälfte zu sparen oder zu investieren, damit du nie wieder Schulden machen musst.

6.
Tuchfühlung

Was wäre eine Beziehung zu unserem Lover ohne Berührungen?

Berührt zu werden und zu berühren ist für jedes Lebewesen überlebenswichtig. Kinder brauchen körperliche Zuwendung, um zu gesunden Erwachsenen heranzuwachsen. Und ich schätze, keiner von uns kann sich eine intime Beziehung mit jemandem vorstellen, den man nicht anfassen mag.

Vor ein paar Jahren war ich auf einer Veranstaltung von Gabrielle Bernstein in Berlin. Während einer der Meditationen fing die Frau, die hinter mir saß, fürchterlich an zu schluchzen. Ich habe sofort den Drang verspürt, meine Hand auszustrecken und ihr Knie zu berühren, aber die Frau saß zu weit weg. Nachdem die Meditation zu Ende war, habe ich mich umgedreht und die Frau nur gefragt: »Willst du eine Umarmung?«, und sie hat sich sofort in meine Arme gestürzt. Es war unglaublich! Selbst die Umarmung einer vollkommen Fremden war für diese Frau besser, als mit ihrem Schmerz allein zu sein. So stark ist die heilende Kraft der Berührung.

Auch für dich ist es wichtig, sowohl mit deinem Körper als auch mit deinem Inneren auf Tuchfühlung zu gehen. Was der perfekte Anschluss für die im vorherigen Kapitel behandelte Aufmerksamkeit ist.

Achte einmal darauf, wie du dich fühlst, wenn du morgens zur Arbeit gehst. Ist dein Herz weit geöffnet, oder fühlt es sich verschlossen an?

Was verrät dir dein Körper über das Jobangebot, das du gerade erhalten hast?

Welche Gedanken hast du, wenn du abends nach Hause kommst? Freust du dich, oder machst du dir Sorgen?

Und was passiert mit dir, wenn du mit deinem Geld umgehst – es ausgibst oder einnimmst? Triff die Entscheidung, das Gefühlshaushaltsbuch für mindestens vier Wochen zu führen. Nur so kannst du dich und dein Geld auf innigste Weise kennenlernen und mit ihm auf Tuchfühlung gehen.

Diese Tuchfühlung mit deinem Geld geht aber noch einen Schritt weiter.

Gehörst du auch zu denen, die hauptsächlich mit EC- oder Kreditkarte oder per Überweisung bezahlen? Kannst du dich daran erinnern, wann du das letzte Mal eine größere Anschaffung in bar bezahlt hast, ein neues Fahrrad, einen neuen Computer, womöglich sogar ein Auto? Wir sind so sehr daran gewöhnt, unsere Karten zu zücken und Bankgeschäfte online zu erledigen, dass wir die Tuchfühlung, den Kontakt mit echtem Geld, also den Münzen und Scheinen, verloren haben.

In einer romantischen Beziehung wäre das so, als würden wir uns per Skype, WhatsApp und E-Mails austauschen, uns aber niemals persönlich treffen, nie berühren. Während der Corona-Krise haben uns diese Möglichkeiten der Kontaktaufnahme mit unseren Liebsten über Wasser gehalten, wofür wir alle, dankbar waren. Doch auf Dauer wird eine Beziehung ohne persönliches Miteinander nicht funktionieren.

DER ZEHNEUROSCHEIN

Ich hatte mal eine Klientin, die mochte kein Bargeld anfassen. Sie hat nur mit Karten, per App oder Onlinebanking bezahlt. Ihr habe ich auch die Frage gestellt, die wir in der Visualisierung ganz am Anfang dieses Buchs berührt haben: Wenn dein Geld eine Freundin von dir wäre, wie wäre sie dann?

Meine Klientin sagte: »Sie wäre eine von diesen Leuten, die immer versprechen vorbeizukommen, es aber nie tun.«

Wie du dir vielleicht vorstellen kannst, habe ich das ein wenig anders gesehen. Ihre Geldfreundin kam regelmäßig vorbei, aber meine Klientin hatte diesen Türsteher vor dem Haus, der immer gesagt hat: »Du kommst hier nicht rein.« Dieser Türsteher waren ihre EC- und Kreditkarten, ihr Onlinebanking und ihre Apps.

Also habe ich ihr eine Aufgabe gestellt: Sie sollte sich einen Zehneuroschein von ihrem Konto abheben und ihn für eine Woche immer bei sich tragen, ohne ihn auszugeben. Nicht im Portemonnaie oder irgendwo in der Handtasche, sondern »am Mann«, also in der Hosen- oder Jackentasche. Der Schein sollte auf dem Nachttisch neben ihrem Bett »schlafen«, sie morgens mit ins Bad begleiten und einfach den ganzen Tag bei ihr sein.

Bei unserem nächsten Termin eine Woche später habe ich sie gefragt, wie es ihr mit dieser Übung ergangen sei. Sie hat zugegeben, dass die ersten Tage für sie schwer waren. Sie hat das Geld als schmutzig empfunden und fühlte sich in seiner Gegenwart nicht wohl.

»Aber jetzt«, meinte sie, »mag ich den Schein so gerne, dass ich beschlossen habe, noch eine Woche weiterzumachen.«

Der Gedanke »Geld ist schmutzig« geistert vielen von uns durch den Kopf. Schon als kleine Kinder hören wir »Bäh, das ist schmutzig!«, wenn wir versuchen, Geld in den Mund zu stecken. Sicher, dadurch, dass Geld durch viele Hände geht, finden sich darauf natürlich auch viele Bakterien, und Geld abzulecken ist nicht unbedingt die beste Idee. Doch in dem Wort »schmutzig« schwingt bei Geld immer noch eine andere Bedeutung mit: dass man »schmutzige Geschäfte« machen muss, wenn man viel Geld haben will, dass reiche Menschen unsaubere moralische Grundsätze haben. Und nicht umsonst muss auf unlautere Art verdientes Geld »gewaschen« werden.

Diese Doppelbedeutung von »schmutzig« kenne ich aus keinem anderen Bereich unseres Lebens. Wenn die Wäsche schmutzig ist, packe ich sie in die Waschmaschine und ziehe sie am nächsten Tag wieder an, ohne dass ich denke: *Leute, die schmutzige Wäsche produzieren, sind nicht ganz koscher.* Genauso ist es mit Geschirr, Autos, unseren Haaren, unserem Haus. Überall bedeutet »schmutzig« einfach, dass Staub und Dreck und Bakterien aus der Umwelt darauf gekommen sind und man es waschen muss. Nur bei Geld hat das Wort noch eine moralische Ebene.

In einem meiner Workshops haben wir übrigens mal darüber gesprochen, wie man es vermeiden kann, Kindern diese Doppeldeutigkeit beizubringen, und sind auf folgenden Satz gekommen:

GELD IST NICHT SCHMUTZIG,
ES HAT NUR BAKTERIEN.

Doch zurück zu meiner Klientin. Wieder eine Woche später trafen wir uns erneut. Sie erzählte mir, dass sie den Schein hatte anbrechen müssen, um sich eine Busfahrkarte zu kaufen, weil ihre App nicht funktioniert hatte.

»Aber ich habe mich ohne ihn ganz komisch gefühlt«, hat sie gesagt. »Also bin ich zum nächsten Geldautomaten und habe mir gleich einen neuen geholt.« Soweit ich weiß, trägt sie diesen Zehneuroschein heute noch mit sich herum.

Und was hatte diese Übung jetzt für einen Zweck? Einfach zehn Euro mit sich herumtragen?

Nein, das Erstaunliche an dieser Übung – und diesem speziellen Fall – war, was sich dadurch im Leben meiner Klientin verändert hat.

Sie hatte einen guten Job als Vorstandssekretärin, doch von dem Gehalt blieb am Ende des Monats meist nicht viel übrig. Was kein Wunder ist, wenn man Geld nicht in seinem Leben haben möchte – man sucht unterbewusst nach allen nur möglichen Wegen, um es loszuwerden. In ihrer Freizeit hat sie Hundehalsbänder mit Glitzersteinen verziert und verkauft. Das wäre eigentlich ein schöner Nebenerwerb gewesen, um ihr Konto aufzustocken, doch bis zu dieser Übung hat sie nie mehr als den Materialwert für ihre Halsbänder verlangt. Sie wollte so wenig von dem unangenehmen Geld in ihrem Leben haben wie nur möglich.

Durch die Übung hat sie ihre Abneigung gegen Bargeld verloren. Sie hatte, wie sie in der zweiten Woche sagte, den Schein beinahe liebgewonnen – und das hat sich auf ihre gesamte Einstellung zum Geld übertragen. Nachdem sie nun zugelassen hatte, dass Geld in physischer Form in ihr Leben tritt, hat sie erkannt, dass Geld kein notwendiges Übel ist, sondern ein guter Begleiter in allen Lebenslagen, und dass es auch, ohne es auszugeben, ziemlich viel Spaß machen kann. Daraufhin hat sie angefangen, auch ihre Arbeitsstunden für die Halsbänder zu berechnen – die weiterhin so gefragt sind, dass sie mit diesem Nebenerwerb ein nettes Zubrot verdient, von dem sie einmal im Jahr eine Reise unternimmt.

Wenn du deine Beziehung zum Geld verbessern möchtest, musst du nicht unbedingt einen Zehneuroschein als Haustier mit dir herumtragen. Aber fang an, mehr mit Bargeld zu bezahlen. Du wirst feststellen, wie anders es sich anfühlt, jemandem Geld in die Hand zu geben und dafür die Ware entgegenzunehmen. Und vermutlich wirst du auch weniger Geld ausgeben.

Wenn ich meine Schwester in den USA besucht habe, habe ich meistens nur meine Kreditkarte dabeigehabt. Das war praktisch: Ich brauchte kein großes Portemonnaie und habe mir den Umtausch bei der Bank gespart.

Leider habe ich auch jedes Mal viel mehr Geld ausgegeben, als ich wollte. So eine Karte ist schnell gezückt und wird in den USA überall angenommen.

Am Ende eines jeden Urlaubs kam also immer das große Erwachen in Form der Kreditkartenabrechnung.

Nachdem ich angefangen hatte, meine Beziehung zum Geld zu verbessern, bin ich mal wieder zu meiner Schwester geflogen. Doch dieses Mal hatte ich die Kreditkarte nur für den Notfall dabei und mir die Summe, die ich in dieser Zeit ausgeben konnte, als Bargeld eingesteckt.

In einem Laden sah ich ein Kleid, das mir gefiel. Es musste nur an den Seiten ein wenig enger genäht werden, aber das könnte meine Schneiderin zu Hause sicher erledigen. Und da das Kleid nur $25 kosten sollte, wäre das immer noch ein

Schnäppchen gewesen. Die nächste Gelegenheit, bei der ich es hätte anziehen können, wäre am Tag nach meiner Rückkehr nach Hamburg gewesen. Das war zu knapp für die Schneiderin. Und danach … standen eigentlich keine Termine an, für die dieses Kleid passend gewesen wäre. Egal, für den Preis nehme ich es mit, dachte ich mir.

An der Kasse öffnete ich mein Portemonnaie. Doch anstatt wie sonst die Kreditkarte zu zücken, begann ich, die Dollarscheine abzuzählen – und hielt inne. Ich könnte das Geld jetzt für ein Kleid ausgeben, das geändert werden müsste und für das ich noch keinen Anlass hatte, um es zu tragen, oder ich könnte diese drei Scheine, die ich in der Hand hielt, wieder wegstecken und später mit meiner Schwester Tacos essen und Margaritas trinken gehen.

Das Kleid ging dann zurück auf den Bügel und die Drinks abends in der Bar auf mich.

Mir war in dem Moment an der Kasse bewusst, hätte ich mit Kreditkarte bezahlt, wäre ich mit dem Kleid aus dem Laden gegangen. Aber die fünfundzwanzig Dollar in Scheinen in der Hand zu halten und zu wissen, dass ich sie gegen etwas eintausche, das ich im Moment gar nicht gebrauchen kann, kam mir in diesem Moment komplett unsinnig vor.

Mit Kreditkarte wäre mir das nicht aufgefallen. Doch die erhöhte Achtsamkeit, die wir beim Bezahlen mit Bargeld an den Tag legen, macht sich nicht nur darin bemerkbar, dass wir uns die eine oder andere Ausgabe sparen, sondern auch darin, dass wir das, was wir kaufen, wesentlich mehr schätzen.

Eine Freundin von mir, der ich von dieser Theorie erzählt habe, hat sie gleich in die Praxis umgesetzt, als sie mit ihrem Sohn ein neues Fahrrad kaufen war. Sie hat das Geld vorher aus dem Automaten geholt und es im Laden ihrem Sohn in die Hand gedrückt, damit er sein Fahrrad damit bezahlt. Nicht nur den Preis auf einem Schild zu lesen, sondern den Betrag in Scheinen in der eigenen Hand zu halten und an den Verkäufer zu übergeben, hat ihm ein ganz anderes Gefühl für den Wert seines Fahrrads vermittelt, auf das er nun noch mehr aufpasst als auf das alte.

REIN IN DIE KOMFORTZONE

Wir haben alle schon mal gehört, dass Wachstum nur außerhalb unserer Komfortzone stattfinden kann. Aber wenn du mit dir auf Tuchfühlung gehst, wirst du vielleicht feststellen, dass das, was du als Komfortzone bezeichnest, gar nicht so komfortabel ist. Denn wenn wir mit einem Teil unseres Lebens nicht zufrieden sind – wie zum Beispiel mit unserem Geld –, leben wir dann wirklich in unserer Komfortzone? Oder einfach nur in dem, was uns vertraut ist?

Also für mich kann ich sagen, dass mein Leben in finanzieller Anspannung definitiv nicht komfortabel oder behaglich war. Es war einfach nur das, was ich kannte. Ich wusste genau, wie ich mich verhalten musste: Herzrasen, wenn eine Rechnung oder Mahnung ins Haus kam, schweißnasse Hände vor dem Einloggen in mein Onlinekonto, Daumen drücken beim Bezahlen mit der EC-Karte an der Supermarktkasse …

Nach Komfortzone hört sich das für mich nicht an. Kann es also sein, dass wir durch persönliches Wachstum erst unsere Komfortzone finden?

Aus dem vertrauten Verhalten auszubrechen ist erst einmal Furcht einflößend. Ich erinnere mich noch genau, wo ich war und wie es sich angefühlt hat, als ich nach ein paar Wochen Coaching beschloss, meine Angst vor allem, was mit Geld zu tun hat, im wahrsten Sinne des Wortes aus dem Fenster fliegen zu lassen. Ich war an einem schönen Sommertag mit dem Auto auf der Brücke des 17. Juni in Hamburg, die Fenster heruntergedreht, eine frische Brise, die mir durch die

Haare fuhr. Und da, mitten über der Elbe, habe ich mich von meiner Angst verabschiedet und sie in die Freiheit entlassen.

Die nächsten zehn Tage fühlten sich an, als würde ich unangeschnallt und ohne Brille mit der Achterbahn fahren. Ich wusste einfach nicht mehr, wie ich mich verhalten sollte. Da liegt eine Rechnung im Briefkasten – was tue ich, wenn ich kein Herzrasen bekomme? Ich will meinen Kontostand anschauen – wie geht das ohne schwitzige Handflächen? Meine Angst war wie ein Gerüst, das mich gehalten und mir einen Rahmen gegeben hat, in dem ich mich bewegen konnte. Auf einmal war dieses Gerüst weg, und ich konnte hingehen, wohin ich wollte, tun, wonach mir der Sinn stand. Nur leider fühlte ich mich dabei unendlich verloren.

Dir wird es womöglich ähnlich gehen, wenn du anfängst, deine Beziehung zum Geld zu verändern. Nimm diese Zeit der Unsicherheit so gelassen wie möglich hin. Dank des Gefühlshaushaltsbuchs bist du inzwischen gut darin, Emotionen einfach in dir aufsteigen zu lassen, ohne sie zu bewerten. Du kannst jetzt hören, was sie dir sagen wollen. Also nutz die Zeit, um gut zuzuhören, noch weiter auf Tuchfühlung mit dir zu gehen und zu gucken, was hochkommt, wenn das unangenehme Gefühl sich aufgelöst hat.

Bei mir kam immer wieder ein Anflug von einem mir damals unbekannt gewordenen Gefühl auf, das ich, nachdem ich die ersten zehn Tage überstanden hatte, endlich benennen konnte: Freiheit! Ich musste mir nicht mehr von Menschen, Institutionen, Zahlen vorschreiben lassen, wie ich mich zu fühlen hatte. Ich konnte frei wählen. Und da die Angst weg war, konnte ich auch frei denken und mir andere Verhaltensweisen und Reaktionen überlegen.

Oh, ein Brief vom Finanzamt: Den lese ich jetzt, und

wenn ich ihn nicht verstehe, rufe ich meine Steuerberaterin an.

Eine Rechnung: Prima, die kommt in den Sammelordner für meinen Geldtermin am Freitag, darum muss ich mich heute nicht kümmern.

Mein Kontostand ist bedenklich niedrig: Was kann ich tun, um trotzdem am Ende des Monats mit mindestens einem Euro im Plus zu sein?

Genieß die Freiheit, dich aktiv für eine Aktion zu entscheiden, anstatt dich von der Reaktion gängeln zu lassen.

Wenn du mit dir auf Tuchfühlung gehst, wird unweigerlich der Punkt kommen, an dem du feststellst, dass du gewisse Verhaltensweisen an dir nicht magst. Also beschließt du, sie zu verändern. Vielleicht beginnst du, dich gesünder zu ernähren und Sport zu treiben. Oder du nimmst dir einen Coach, um deine Geldprobleme in den Griff zu bekommen. Vielleicht fängst du auch wieder an zu arbeiten oder entscheidest dich, deinen aktuellen Job zu kündigen.

Möglicherweise schießt dir kurz drauf der Gedanke durch den Kopf: *Was sollen denn die Leute denken?* (Wobei es sich bei den Leuten um Familienmitglieder, Kollegen, Freunde, Nachbarn oder auch vollkommen Fremde handeln kann.)

Darauf zu achten, dass »die Leute« bloß nicht schlecht von uns denken, wird gerade uns Frauen immer noch von klein auf vorgebetet. Jahrelang habe ich mich bemüht vorauszuahnen, welches Verhalten eine andere Person wohl von mir erwartet, um ihr genau dieses Verhalten zu zeigen.

ÜBUNG:
Die Leute

*Du hast bestimmt auch ein paar Vorstellungen davon,
was »die Leute« von dir denken sollen.*

Schreib sie hier mal auf!

Das sollen »die Leute« von mir denken:

1. _____

2. _____

3. _____

4. _____

5. _____

*Und nun notiere dazu, wie du dich verhalten musst,
damit »die Leute« auch genau das von dir denken.*

1. _____

2. _____

3. _____

4. _____

5. _____

Es tut mir leid, dir sagen zu müssen, dass diese Übung ganz umsonst war. Denn das Problem ist: Wir haben keinen Einfluss darauf, was ein anderer Mensch von uns denkt. Und zu versuchen, uns so zu verhalten, wie wir glauben, dass der andere es gerne hätte, ist – offen gesprochen – nur eine Form der Manipulation. Wir denken, wenn wir so und so sind, werden wir geliebt oder respektiert, bewundert oder gelobt, bekommen Anerkennung oder können unseren Willen durchsetzen.

Vor ein paar Jahren hatte ich auf einer Konferenz in Berlin die Möglichkeit, meine Theorie noch einmal auf die Probe zu stellen. Ich kannte dort niemanden. Normalerweise ziehe ich mich in solchen Situationen in eine Ecke zurück und hoffe, dass mich jemand anspricht, doch dieses Mal war ich mutig. Ich bin auf einen Bistrotisch zugegangen, an dem vier Frauen standen, habe in die Runde gelächelt und gesagt: »Hallo, ich bin Ivonne.«

Im Laufe der nächsten drei Tage sind wir uns noch öfter über den Weg gelaufen und haben uns unterhalten. Dadurch fühlte ich mich sicher genug, ihnen am Abschlusstag, als wir wieder alle zusammenstanden, folgende Frage zu stellen: »Was war euer erster Eindruck von mir, als ich an den Tisch kam und mich vorgestellt habe?«

»Ich dachte, du bist ziemlich überheblich.«

»Ich fand dich auf Anhieb sympathisch.«

»Du kamst mir ziemlich zurückhaltend vor.«

»Was für ein Sonnenschein, habe ich gedacht.«

Vier Frauen, die mich alle im selben Moment mit demselben Satz kennengelernt haben.

Vier Frauen mit vollkommen verschiedenen Eindrücken von mir.

Bei ihren Antworten überkam mich Erleichterung.

Wenn ich nicht beeinflussen kann, was andere Leute von mir denken, dann kann ich ja endlich aufhören, es zu versuchen! Ich kann endlich die Themen angehen, die mich stören, und mich so verhalten, wie es mir guttut.

ÜBUNG:
Lerne dich kennen!

Wenn du dir keine Gedanken darüber machen würdest, was andere Leute oder eine bestimmte Person von dir denken, was würdest du dann tun?

Ich würde ...

1. _____

2. _____

3. _____

4. _____

5. _____

Das Schöne ist, je besser du dich kennenlernst und je mehr du weißt, wer du bist und was du tust, desto weniger berührt es dich, ob andere schlecht von dir denken.

Anfangs hat mir diese Aussicht ein wenig Angst gemacht. Was ist, wenn mich dann keiner mehr mag? Doch das Gegenteil ist der Fall: Wenn ich aufhöre, mich nach dem zu richten, was andere möglicherweise wollen, kann ich das erste Mal mein wahres Ich zeigen.

Ich nenne das: die Pappfiguren einlagern.

Wir alle tragen verschiedene Pappfiguren für verschiedene Bereiche unseres Lebens mit uns herum, die wir der Welt um uns herum zeigen.

Die »perfekte Mutter«, der immer alles gelingt und die sich nie gestresst fühlt, wird herausgeholt, wenn wir uns unter andere Mütter mischen, die auch alle so perfekt sind und denen gegenüber wir auf keinen Fall zugeben wollen, dass wir uns seit drei Tagen die Haare nicht gewaschen haben und es zu Hause aussieht, als wäre ein Orkan hindurchgefegt.

Der »charmante Mitarbeiter«, der natürlich alle Zusatzaufgaben ohne Murren erledigt und immer noch ein Späßchen auf den Lippen hat, kommt morgens mit zur Arbeit, damit uns alle nett und sympathisch finden und wir hoffentlich bei der nächsten Beförderung berücksichtigt werden.

Die »gute Tochter« tragen wir vor uns her, wenn wir Zahnmedizin studieren, um von unseren Eltern geliebt zu werden, obwohl wir viel lieber Grafikdesignerin oder Friseurin geworden wären.

Unsere Pappfiguren lassen uns glauben, dass wir geliebt, respektiert, bewundert werden. Doch diese Liebe, der Respekt und die Bewunderung gelten nicht uns! Durch unsere Pappfiguren geben wir den anderen Menschen erst gar nicht die Möglichkeit, uns kennenzulernen. Sie sehen nur, was wir sie sehen lassen wollen – und das ist das, von dem wir glauben, dass sie es sehen wollen. Puh, ganz schön kompliziert, oder?

Erst wenn wir die Pappfiguren beiseitestellen, erlauben wir anderen, *uns* zu sehen. So, wie wir sind. Und dann zu entscheiden, ob sie uns mögen, respektieren, bewundern – oder nicht.

Dieser Schritt ist nicht leicht. Und ich würde dir auch nicht raten, alle Pappfiguren auf einmal auf einen Haufen zu werfen und zu verbrennen. Taste dich vorsichtig heran, indem du bei einem Menschen, der dir wichtig ist und bei dem du dich sicher fühlst, ein wenig hinter der Pappfigur hervortrittst.

Gesteh vielleicht ein, dass du mit den Aufgaben als Mutter ab und zu überfordert bist – und guck, was passiert.

Verkünde einmal rechtzeitig, dass du an diesem Tag pünktlich Feierabend machen wirst – und guck, was passiert.

Informiere dich über deinen eigentlichen Traumjob, unterhalte dich darüber mit deinen Eltern – und guck, was passiert.

Meine innigsten Freundschaften sind entstanden, nachdem ich meine Pappfiguren eingemottet hatte. Als ich das erste Mal einer Kollegin gestanden habe, dass es mich panisch macht, meinen Kontoauszug anzugucken, sagte sie: »Oh mein Gott, danke! Dann bin ich also nicht die Einzige?« Damit begann unsere Freundschaft.

Als ich meiner Yogalehrerin sagte, dass ich mich manchmal mit meinem Leben überfordert fühle, war ihre Reaktion: »Puh, dann bist du also doch nicht perfekt. Was für eine Erleichterung!« Seitdem sind wir Freundinnen.

Und nachdem meine beste Freundin aus Schulzeiten und ich uns nach einem Streit gegenseitig gestanden haben, was für Dummheiten wir gemacht haben, hat unsere Freundschaft eine ganz neue Tiefe erfahren.

Deshalb möchte ich dich ermutigen, es auszuprobieren. Die Menschen, die wirklich *dich* mögen, werden weiterhin in deinem Leben bleiben. Und die Menschen, die nur deine Fassade, deine Pappfigur mochten – ist es wirklich ein Verlust, wenn sie nicht mehr in deinem Leben sind?

Eine kleine Warnung zum Schluss: Es gibt etwas, das Psychologen und Coaches »Change-Back Attack« nennen. Martha Beck, ein bekannter Coach aus den USA, vergleicht unser Leben mit einem Puzzle – jedes Steinchen hat seinen Platz, und zusammen ergibt das ein schönes Bild. Wenn du nun eines dieser Steinchen bist und etwas an dir verändern willst, zwingst du damit dein Umfeld, sich deiner neuen Form anzupassen. Und das mag einigen nicht gefallen, denn generell sind die Menschen nicht sonderlich erpicht darauf, etwas in ihrem Leben zu verändern.

So wird dir zum Beispiel am Anfang zu den ersten Erfolgen deiner Diät gratuliert, doch wenn die Veränderung weitergeht, drückt Oma dir noch ein Stückchen Kuchen auf, »damit du mir nicht vom Fleisch fällst«. Oder, noch schlimmer, sie setzt dich unter Druck: »Dir schmeckt es wohl bei mir nicht mehr?« Schließlich warst du immer »die Dicke« in der Familie, und wenn du das jetzt nicht mehr bist, wer bist du dann? Wie soll man mit dir umgehen? Ist deine Veränderung womöglich eine Kritik am Lebensstil deiner Familie? Und wen trifft es jetzt, die »neue Dicke« zu sein?

Oder du bist immer locker mit deinem Geld umgegangen, hast jeden Spaß mitgemacht, bis du es leid warst, am Ende des Monats im Minus zu sein. Also fängst du an, etwas zu verändern. Anfangs bewundert dein Partner dich – das Gejammer um den Kontostand hat ein Ende, die Summe auf deinem Sparbuch wächst an … Doch wenn er weiter so lebt wie zuvor, du aber nun öfter Nein zu gewissen Ausgaben sagst, weil dir deine finanzielle Sicherheit wichtig ist, bist du auf einmal ein Spaßverderber. Du bist nicht mehr die Lustige, die alles mitmacht, die Großzügige, die alles finanziert.

Die erste Reaktion auf so eine »Change-Back Attack« ist oft, sich schuldig zu fühlen. Oft kommt auch Angst dazu, dass man nicht mehr geliebt wird, wenn man sich weiter verändert. Angst davor, dass man sein gewohntes Leben, die gewohnten Menschen darin verlieren könnte. Und so läuft man Gefahr, wieder in seine alten Verhaltensmuster zurückzufallen. (Willkommen Komfortzone – oder besser »Unkomfortzone«.)

Die anderen sagen diese Dinge jedoch nicht aus Bosheit. Sie haben einfach Angst vor den Veränderungen in ihrem eigenen Leben, die durch deine Veränderungen ausgelöst werden. Genau wie du fürchten sie, nicht mehr geliebt zu werden oder den gewohnten Menschen zu verlieren.

Was du in solchen Situationen tun kannst:

Hör aufmerksam zu, was dein »Angreifer« sagt, ohne dich gleich zu verteidigen. Denke dann aufrichtig über das erhaltene Feedback nach. Steckt ein Körnchen Wahrheit darin? Bist du vielleicht nicht sparsam, sondern geizig geworden und gönnst dir gar keinen Spaß mehr? Versuchst du ständig, andere zu deinem neuen Lebensstil zu bekehren? Wenn ja, korrigiere deinen Kurs ein wenig.

Wenn dein Gegenüber gewillt ist zuzuhören, erzähle ihm, was genau dich zu deinem Wunsch, etwas zu ändern, bewogen hat. Beschreibe ihm die Angst davor, den Kontoauszug anzuschauen, oder deinen Widerwillen, dich im Spiegel anzugucken. Je besser er dich versteht, desto leichter wird er mit den Veränderungen klarkommen. Und für manche wirst du womöglich zum Vorbild werden, um selbst die Veränderungen in ihrem Leben anzugehen, die sie so lange vor sich hergeschoben haben.

6.3

EXKURS: FAMILIENEINKOMMEN

Im Kapitel »Liebe« haben wir darüber gesprochen, dass Liebe und Geld nur Energie sind. Unsere gesamte Welt besteht aus Energie. Selbst der Tisch, an dem ich gerade sitze und dieses Buch schreibe, besteht bloß aus kleinen Energieelementen, die so wahnsinnig schnell schwingen, dass der Eindruck einer festen Materie entsteht. Wenn du in einer Partnerschaft oder Familie lebst, bringt jeder seine eigenen Energien mit hinein. Diese kennenzulernen gehört auch zum Auf-Tuchfühlung-Gehen – mit deinem Partner und deiner Familie.

Ellen kam zu mir, als sie im siebten Monat schwanger war. Sie war eine erfolgreiche Geschäftsfrau, die viel in der Welt herumgekommen war und nun ihren zweiten Traum lebte, nämlich zur Ruhe zu kommen und Mutter zu werden. Sie und ihr Mann waren sich einig, dass sie in den ersten zwei bis drei Jahren mit dem Kind zu Hause bleiben würde. Er arbeitete viel von zu Hause aus, sodass sie nicht allein wäre. Eigentlich war also alles perfekt.

Eigentlich – noch so eines dieser Wörter, die uns anzeigen, dass irgendwas nicht stimmt. Denn obwohl Ellen gerade ihren absoluten Traum lebte, bereitete ein Thema ihr Probleme: das Einkommen. Ihrem Empfinden nach verdiente nun ihr Mann Geld und sie nicht. Ergo war es sein Geld. Sie würde von seinem Gehalt leben, hätte keine Ansprüche darauf, dürfte nichts dazu sagen. Sie wäre total von ihrem Mann abhängig, was sich nach so vielen Jahren, in denen sie ihr eigenes Geld verdient hatte, nicht gut anfühlte.

Mit diesem Problem steht Ellen nicht allein da, wie du dir sicher vorstellen kannst. Derjenige, der aufhört zu arbeiten, verdient kein Geld mehr. Punkt.

Ich möchte diesen Satz gerne etwas auseinandernehmen.

Derjenige, der aufhört zu arbeiten ... Tut eine Mutter (in diesem Fall) das wirklich? Hört sie auf zu arbeiten? Oder verlässt sie nur nicht mehr das Haus, um zu einer Arbeitsstelle zu gehen?

... verdient kein Geld mehr. Oh, diese böse Doppeldeutigkeit von »verdienen«! Bleiben wir beim Beispiel von Ellen: Sie erhält kein Gehalt von einer Firma. Aber verdient sie deshalb kein Geld?

Eine Familie besteht, wie jede Beziehung, aus verschiedenen Energien. Da sind zum Beispiel die fürsorgliche Energie der Eltern, die bedürftige Energie des Kindes, die nährende Energie, die lustige Energie, die liebevolle Energie, die beschützende Energie, die finanzielle Energie. Und so wie in dieser Aufzählung ist die finanzielle Energie nur ein Teil der Energien, die nötig sind, um eine Familie zu erhalten. Sie ist nicht wichtiger oder unwichtiger als die anderen Energieformen.

Ich habe von vielen Frauen, nicht nur von Ellen, gehört: »Ohne meinen Mann könnte ich mir mein Leben als Hausfrau und Mutter nicht leisten.« Aber genauso gilt für den Mann: »Ohne meine Frau könnte ich mir mein Leben als Berufstätiger und Vater nicht leisten.« Beide Partner erfüllen in dieser Konstellation ihre ganz spezielle Aufgabe, und nur wenn sie alle ihre Energien zusammenführen, kann die Familie funktionieren. Seine Geldenergie ist nicht wichtiger als ihre Fürsorgeenergie, ihre Schutzenergie ist nicht wichtiger als seine Spaßenergie. Sie alle gehören zusammen.

Das Interessante ist, dass die meisten Männer das Geldproblem ihrer Frauen überhaupt nicht so sehen. Für sie ist klar, dass »ihr« Einkommen für die gesamte Familie da ist.

Wenn du also auch den Gedanken hast, dass das Einkommen deines Mannes nicht dein Geld ist, setz dich mit ihm zusammen und erkläre ihm, wie du dich fühlst. Ja, vielleicht wird er das als albern abtun, aber das macht nichts. Er meint es nicht böse, sondern ihm sind diese Gedanken einfach nie gekommen. Damit kannst du sie auch loslassen.

Und um dir und euch diesen Prozess zu vereinfachen, habe ich im letzten Kapitel dieses Buchs ein paar Tipps zum Thema »Kontenmodelle für Paare«. Ich bin sicher, damit werdet ihr das Problem ganz schnell lösen.

6.4
DAS GEFÜHLSBAROMETER
IM ALLTAG

Wo wir gerade von Familie sprachen: In jedem Haushalt gibt es Dinge, die man gerne tut, und andere, die man nicht so gerne tut. Im Idealfall verteilen sich diese Vorlieben so auf die einzelnen Familienmitglieder, dass niemand jemals etwas tun muss, was ihm keine Freude bringt. In der Realität kommt das allerdings eher selten vor. Und es sind ja nicht nur die Aufgaben im Haus, die sich auf unseren To-do-Listen tummeln – Arbeit, Kinder, Haustiere … Die Anzahl der Dinge, um die sich jeden Tag gekümmert werden muss, ist gefühlt unendlich.

Deshalb lohnt es sich auch hier, auf Tuchfühlung mit dir selbst zu gehen und zu gucken, was für ein Gefühl du mit jeder einzelnen Aktivität verbindest. So kannst du herausfinden, wie du dein Leben – auch unabhängig von deinen Finanzen – verbesserst.

Hierzu nutzen wir wieder das Gefühlsbarometer. Denn dieses kleine, aber wirksame Tool lässt sich wirklich in allen Lebensbereichen einsetzen. So weiß ich von Abnehmcoaches, dass sie damit arbeiten, um die mit Essen verbundenen Emotionen ihrer Klienten einzuordnen und die »schlechten« Gefühle nach und nach zu eliminieren, so wie du es mit deinen Ausgaben und Einnahmen gelernt hast.

Andere nutzen das Gefühlsbarometer für ihre To-do-Listen, und da das für mich eine große Hilfe war, möchte ich dir diese Methode vorstellen.

Nie wieder unangenehme Aufgaben!

Am besten setzt du dich abends hin und schreibst dir auf, was du am nächsten Tag alles zu tun hast.

Dann gehst du die Liste durch und bewertest sie nach der Art des Gefühlsbarometers. Wie fühlt sich jede einzelne Aufgabe an?

Als Beispiel meine Liste:

Hausputz:	–8
Onlinekurs Fototechnik:	+8
Workshops organisieren:	–6 bis +8
Hundespaziergang:	mal –3, mal +6
Einkaufen im Supermarkt:	–2
Klientengespräch:	+8

Genau wie beim Geld schaust du dir nun die negativ bewerteten Aufgaben an und guckst, ob du sie weglassen, tauschen oder verbessern kannst.

Beispiel »Hausputz«:
Diese Aufgabe ist zu groß gefasst, denn es gibt Dinge, die ich überhaupt nicht mag, und andere, die mir sogar Spaß machen. Also schlüssle ich noch mal weiter auf:

– Saugen und wischen:	–8
– Badezimmer putzen:	–5
– Betten beziehen:	+4
– Wäsche waschen:	+2

Jetzt habe ich nur noch zwei negative Punkte auf der Liste. Kann ich das Saugen und Wischen weglassen? Leider nein. Aber ich kann einen Tausch mit meinem Partner eingehen, der darauf tatsächlich Lust hat. Dafür muss er nicht das Bad putzen, was er noch mehr hasst als ich.

Das Badezimmer zu putzen kann ich leider auch nicht weglassen. Und tauschen geht ebenfalls nicht, siehe oben.

Also bleibt nur, es zu verbessern. Was für mich das Erlebnis sofort auf eine +7 bringt, ist, wenn ich beim Putzen ein gutes Hörbuch höre. Oft bin ich so gefesselt, dass ich besonders gründlich putze, nur um weiterhören zu können.

Um das Bettenbeziehen lustiger zu gestalten, habe ich ein kleines Spiel mit meiner Hündin ins Leben gerufen. Zuerst spielen wir mit benutzten Laken Verstecken, danach darf sie die Bezüge in die Waschküche tragen. Ihren Spaß daran zu sehen sorgt jedes Mal dafür, dass mir das Herz aufgeht.

Wäsche zu waschen ist für mich neutral-positiv. Ich meine, ich habe ja nicht viel zu tun, außer die Wäsche in die Maschine zu geben und später aufzuhängen. Dabei höre ich meistens auch mein Hörbuch und habe so fünf Minuten Auszeit für meine Gedanken, was ich sehr angenehm finde.

Beispiel »Workshops organisieren«:
Bei diesem Thema bin ich hin- und hergerissen. Ich liebe es, Workshops zu geben, deshalb freue ich mich vorher immer, wenn es wieder so weit ist. Daher die +8. Der administrative Teil des Ganzen hingegen wird mir manchmal zu viel. Dahinter steckt so viel technischer Kram, was nun wirklich nicht mein Steckenpferd ist.

Was kann ich also tun?

Wie im vorherigen Beispiel liste ich alle Aufgaben, die zu »Workshop organisieren« gehören, auf und bewerte sie einzeln.

In diesem Fall bleiben mir nur noch die Punkte »Aktivierung des Forums« und »Versenden der technischen Details an die Teilnehmer« mit –6 übrig.

Kann ich diese Punkte weglassen? Auf keinen Fall, sonst können die Teilnehmerinnen ja nicht mitmachen.

Kann ich sie tauschen? Ja. Ich könnte die Aufgaben auslagern und gegen Geld tauschen, sprich, ich könnte mir eine (virtuelle) Assistentin suchen, die diese Punkte für mich erledigt und die ich dafür bezahle.

Kann ich die Aufgabe besser machen? Ebenfalls ja. Ich kann versuchen, den Prozess so weit wie möglich zu automatisieren – allerdings geht das dank des neuen Datenschutzgesetzes nur bis zu einem gewissen Punkt. Also bleibt mir als zweite Möglichkeit der Verbesserung, meine Einstellung dazu zu verändern. Anstatt genervt darüber zu sein, dass ich diese ganzen Sachen händisch erledigen muss, konzentriere ich mich auf die Freude, die ich nach erledigter Arbeit habe, wenn der Workshop losgeht.

Beispiel »Hundespaziergang«:
Ich liebe meine Hündin. Sie ist seit sechzehn Jahren bei mir, und ich kann es mir nicht anders vorstellen. Es bedeutet allerdings auch, jeden Tag spazieren zu gehen, ob man will oder nicht. Und in sechzehn Jahren waren durchaus Tage dabei, an denen ich keine Lust hatte.

Was kann ich in einem solchen Fall tun?

Weglassen: Ich habe mir einen spaziergangfreien Tag in der Woche geschenkt. An dem muss ich nicht raus, wenn ich nicht will, stattdessen spielen oder kuscheln wir zu Hause mehr.

Tauschen: Wenn es mir wirklich zu viel wird, kann ich einen Gassi-Service buchen. Vielleicht hat auch das Nachbarskind oder ein Verwandter Lust, mal mit ihr rauszugehen.

Verbessern: Wenn wir im Park sind, baue ich kleine Sprint- und Muskelaufbauübungen für mich ein. So habe ich das gute Gefühl, auch was für meine Fitness getan zu haben. Ein- bis zweimal in der Woche nehme ich außerdem eine Route, auf der wir an einem Café vorbeikommen, sodass wir beide eine kleine Pause einlegen können und ich ein Viertelstündchen bei einem Kaffee oder einem Glas Rosé entspannen kann. Und natürlich darf an den restlichen Tagen das Hörbuch nicht fehlen! (Du siehst, ein Hörbuch ist für mich Retter in beinahe jeder Lebenslage.)

Beispiel »Einkaufen im Supermarkt«:
So schön es manchmal ist, einkaufen zu gehen und lauter frische Sachen in seinen Einkaufswagen zu packen, so nervig kann es auch sein, vor allem nach einem langen Arbeitstag oder wenn man krank ist. Ich gehöre zu denen, die fast jeden Tag für sich einkaufen, weil ich gerne spontan entscheide, was ich essen möchte. Auf der einen Seite ist das natürlich schön, auf der anderen Seite nervt es gerade an Tagen, an denen ich wenig Zeit habe. Hier hat die Ausgangssperre während der Corona-Krise mal was Gutes gehabt, denn ich habe Vorratshaltung gelernt. Und damit sind wir auch schon bei dem, was wir machen können.

Weglassen: Eher nicht. Man will ja was essen.

Tauschen: Wenn ein anderes Familienmitglied mehr Lust darauf hat, warum nicht? Oder man wechselt sich ab – mal geht der eine, mal der andere.

Verbessern: Bei diesem Punkt gibt es viele Möglichkeiten zur Verbesserung. Wir können auf den Markt gehen. Da haben wir nicht nur frische Luft, sondern es ist meist auch persönlicher, und man kann den einen oder anderen Plausch halten. Wir können für die Woche vorausplanen und müssen somit nur einmal los, um die ganze Woche versorgt zu sein. Wir können uns Frischeboxen ins Haus liefern lassen, was uns auch mal auf andere Ideen beim Kochen bringt. Wir können natürlich den Lieferdienst nutzen, wenn uns überhaupt nicht nach Einkaufen und Kochen ist. Und wir können beschließen, dass wir einmal in der Woche, alle vierzehn Tage oder einmal im Monat essen gehen.

Wenn du so ein paar Tage geplant hast, kannst du dich an die Aufgaben machen, die seltener anstehen. Was ist diese Woche zu tun, diesen Monat? Spaß bringt diese Übung, wenn die ganze Familie mitmacht. Jeder schreibt seine Liste für den Tag, die Woche oder den Monat und bewertet sie nach dem System für sich. Dann schaut man gemeinsam: Was kann weggelassen werden? Mit wem kann man welche Aufgaben tauschen, wobei kann man sich abwechseln? Und wie kann man etwas, das einfach sein muss, besser machen? So entwickelt sich auch mehr Verständnis für die Aufgaben, die die anderen auf dem Zettel haben, was den Zusammenhalt in der Familie ungemein fördert.

Ganz Mutige nehmen dann im letzten Schritt ihre To-do-Listen bei der Arbeit in Angriff. Auch hier gibt es Aufgaben, die uns leichtfallen und Spaß bringen, und andere, auf die wir überhaupt keine Lust haben. Aber vielleicht hat ja ein Mitglied des Teams Spaß an etwas, was dir nicht liegt, und umgekehrt? Und wenn du etwas weder weglassen noch tauschen kannst, könnte es schon eine Verbesserung sein, diesen Punkt immer gleich morgens als Erstes zu erledigen. Dann hast du das Schlimmste vom Tisch und gehst mit mehr Energie in den Rest des Tages.

Gefühlshaushaltsbuch To-do-Liste

Aufgabe	Weglassen	Tauschen	Verbessern

-10   -9   -8   -7   -6   -5   -4   -3   -2   -1   0   1   2   3   4   5   6   7   8   9   10

Aufgabe	Weglassen	Tauschen	Verbessern

-10   -9   -8   -7   -6   -5   -4   -3   -2   -1   0   1   2   3   4   5   6   7   8   9   10

Aufgabe	Weglassen	Tauschen	Verbessern

-10   -9   -8   -7   -6   -5   -4   -3   -2   -1   0   1   2   3   4   5   6   7   8   9   10

Aufgabe	Weglassen	Tauschen	Verbessern

-10   -9   -8   -7   -6   -5   -4   -3   -2   -1   0   1   2   3   4   5   6   7   8   9   10

Aufgabe	Weglassen	Tauschen	Verbessern

-10   -9   -8   -7   -6   -5   -4   -3   -2   -1   0   1   2   3   4   5   6   7   8   9   10

Aufgabe	Weglassen	Tauschen	Verbessern

-10   -9   -8   -7   -6   -5   -4   -3   -2   -1   0   1   2   3   4   5   6   7   8   9   10

Aufgabe	Weglassen	Tauschen	Verbessern

-10   -9   -8   -7   -6   -5   -4   -3   -2   -1   0   1   2   3   4   5   6   7   8   9   10

Aufgabe	Weglassen	Tauschen	Verbessern

-10   -9   -8   -7   -6   -5   -4   -3   -2   -1   0   1   2   3   4   5   6   7   8   9   10

7.
Experimente

Die letzte Säule einer guten Beziehung ist die, die am meisten Spaß bringt, denn das E steht für Experimente.

Wenn wir jeden Freitag mit unserem Liebsten Pizza essen gehen, sonntags gemeinsam »Tatort« gucken und mittwochs eine Stunde für Zärtlichkeiten einplanen, wird die Beziehung vermutlich schnell langweilig. So gut eine gewisse Routine auch ist, weil sie uns Sicherheit gibt, so wichtig ist es, ab und zu aus ihr auszubrechen, um neue Erlebnisse und Erfahrungen zu sammeln. Das wird unser Leben bereichern und gleichzeitig dazu führen, dass wir uns selbst und einander besser kennenlernen.

Ich nenne diese Vorhaben Experimente. Warum? Laut Definition ist ein Experiment die »planmäßige Erhebung empirischer Sachverhalte zur Prüfung von Hypothesen«. Oder in meinen Worten ausgedrückt:

> **EIN EXPERIMENT IST EIN VERSUCH,
> DER NICHT SCHEITERN KANN.**

Es hat einfach ein Ergebnis, das uns gefällt oder nicht. Mehr nicht.

Wir haben in unserem Leben so oft Angst zu scheitern, zu versagen oder Fehler zu machen, dass wir uns häufig gar nicht trauen, etwas Neues auszuprobieren oder in Angriff zu nehmen. Das hat unter anderem damit zu tun, dass wir in unserer Gesellschaft mit einem großen Sinn für Konsequenz erzogen wurden. Wenn man etwas anfängt, muss man es auch bis zum Ende durchziehen, so heißt es.

Doch manche Sachen klingen in der Theorie besser, als sie in der Praxis sind. Oder wir merken, dass etwas doch nicht so gut zu uns passt, wie wir mal dachten.

Trotzdem wollen wir häufig nicht aufgeben, weil wir befürchten, dadurch Schwäche zu zeigen. Wenn wir so durchs Leben gehen, verpassen wir unglaublich viele Möglichkeiten, Neues kennenzulernen und vielleicht eine uns bisher noch unbekannte Richtung einzuschlagen.

Daher mein Rat: Versuche, deine Ausflüge aus deinem vertrauten Leben als »Experiment« zu betrachten, denn dann bist du sicher, dir kann nichts passieren. Ein Experiment kann, wie ich oben schon gesagt habe, nicht scheitern. Wenn dir das Ergebnis gefällt, behältst du das neue Verhalten bei, wenn nicht, probierst du etwas anderes aus.

ES GIBT KEIN SCHEITERN MEHR

Mein damaliger Mann und ich kamen eines Samstags vor vielen Jahren mit unserem alten Mercedes-Benz / 8 am Start einer Oldtimerrallye in Hamburg vorbei und haben spontan gesagt: »Da machen wir mit.« Wir hatten keine Ahnung, dass man sich für so etwas normalerweise Monate im Voraus anmelden muss, doch als wir den Veranstalter vor Ort gefragt haben, hatten wir Glück: Ein Team war nicht erschienen, und wir konnten den frei gewordenen Startplatz haben.

Dieser Tag war ein echtes Experiment, denn ich war noch nie zuvor eine Rallye gefahren und wusste überhaupt nicht, was mich da als Beifahrerin erwartet. Es hat uns dann so viel Spaß gemacht, dass wir danach viele Jahre lang mit verschiedenen Autos Rallye gefahren sind. Dabei haben wir festgestellt, dass wir das perfekte Team für diesen Sport sind, und bald hatten wir eine ganze Garage voll mit Pokalen.

Doch das Rallyefahren hat nicht nur eine neue Ebene in unserer Beziehung als Paar eröffnet, sondern uns auch beruflich auf neue Wege geführt. Da Rallyes sehr teuer sind, haben wir Motorsportzeitungen angeboten, für sie zu schreiben und Fotos zu machen. Natürlich hat es geholfen, dass mein Mann Journalist ist, aber in diesem Bereich hatte er zuvor auch noch nicht gearbeitet. Nach einer Weile haben wir einen guten Teil unseres Einkommens als Motorsportjournalisten verdient. Die Fotos meines Mannes waren sogar so gut, dass er beauftragt wurde, die Rallye-WM in Europa als Fotograf zu begleiten.

Ich habe von ihm das Fotografieren gelernt, und dann kam der Auftrag, gemeinsam die East-African-Safari-Rallye durch Kenia und Tansania als Fotografen zu begleiten. Und alles nur, weil wir an einem Samstagvormittag in Hamburg beschlossen hatten, ein kleines Experiment zu wagen!

Auch in der Beziehung zu dir selbst ist es wichtig, immer mal wieder zu experimentieren. Das muss nicht gleich Fallschirmspringen oder Snowboarden auf Gletschern sein. Oft reichen Kleinigkeiten, um eine neue Facette an dir zu entdecken.

Kleine Experimente, die ich in den letzten Jahren für mich durchgeführt habe:

Experiment 1: Ich fand roten Lippenstift an Frauen immer toll, hatte aber selbst nie einen. Eines Tages habe ich mir am Kosmetik-Counter rote Lippen schminken lassen – und die Farbe nach drei Sekunden auf der Straße schnell wieder abgewischt, weil ich das Gefühl hatte, alle starren mich an. Doch irgendetwas hat mich auch angezogen, also habe ich mir ein paar Tage später einen roten Lippenstift gekauft und erst mal nur zu Hause ausprobiert. Dann in einem Supermarkt, wo mich keiner kennt. Dann beim Treffen mit Freunden. Und schließlich auch, wenn ich geschäftliche Termine hatte. Heute habe ich eine ganze Kollektion von roten Lippenstiften in allen Schattierungen und finde es großartig, dass man mit rotem Lippenstift selbst an einem Bad-Hair-Day so aussieht, als hätte man genau diesen Effekt gewollt.

Experiment 2: Ich bin gerne eine Frau, und ich sehe auch nicht besonders männlich aus, dennoch weiß ich, dass ich eine ziemlich maskuline Art haben kann – sehr direkt, sehr kühl und oftmals etwas einschüchternd. Das passte früher ganz gut zu mir und meinem Leben, aber nun wollte ich mich einfach weicher, weiblicher fühlen. Also habe ich im Frühjahr 2017 beschlossen, einen Monat lang nur Röcke und Kleider zu tragen – davon hatte ich genügend im Schrank, aber nur wenige davon je im Alltag angezogen. Dieser Monat war sooo toll. Nicht nur weil ich auf einmal ganz neue Kombinationen erfinden durfte – man glaubt ja gar nicht, wie großartig Stulpen und Stiefel sind –, sondern auch weil ich merkte, wie viel bequemer und freier ich mich in Kleidern und Röcken fühlte. Ich habe den Monat spontan um zwei weitere Monate verlängert und außerdem einen Entschluss gefasst: Für mein drittes Experiment, das gleich folgt, würde ich nur Kleider einpacken.

Experiment 3: Das dritte Experiment war vermutlich das bisher größte in meinem Leben. Schon mindestens zehn Jahre hatte ich davon geträumt, einmal zwei Monate am Stück irgendwo zu verbringen, wo die Sonne sicher scheint. Denn es geht mir als geborene Hamburgerin jedes Jahr auf den Geist, dass man sich einfach nicht auf den Sommer verlassen kann. Ende 2016 war es endlich so weit, dass aus dem »Ich würde so gern« ein »Ich werde« wurde. Ich nahm mir vor, das komplette Geld, das ich über meine Workshops einnahm (zu diesem Thema weiter hinten im Übungsteil mehr), zu sparen, bis ich 5500 Euro zusammen hätte. (Du erinnerst dich? Ordne deinen Zielen Zahlen zu, damit du sie erreichen kannst.) Diese Summe, so hatte ich mir ausgerechnet, würde reichen, um zwei Monate mit meinen Hunden nach Spanien zu fahren und dort zu leben.

Ende August 2017 ging es dann los: meine Hunde und ich, allein 2200 Kilometer durch Deutschland, Frankreich und Spanien an die Costa Blanca. Ich war noch nie zuvor in Spanien gewesen, außer auf den Kanaren, und ich kannte hier niemanden. Meine Wohnung hatte ich nur auf Fotos gesehen, und als ich nach vier Tagen Fahrt endlich angekommen war, schien meine Vermieterin von den Hunden nicht gerade begeistert zu sein. Zwei Monate wollte ich bleiben. Während ich das hier schreibe, im Mai 2020, bin ich immer noch hier.

Wie es sich für ein Experiment gehört, bin ich vollkommen ohne jegliche Erwartungen hierhergekommen. Ich wusste nur: Wenn es mir nicht gefällt, kann ich jederzeit wieder ins Auto steigen und nach Hause fahren.

Doch das ist nicht passiert. Für den Moment habe ich hier alles gefunden, von dem ich vorher gar nicht wusste, dass ich es suche. Ganz allein in einem Land, an einem Ort, an dem mich niemand kannte. Ich war hier nicht die Frau/Tochter/Schwester von …, nicht die Übersetzerin, der Coach, die Hundetrainerin. Weder die, die früher so mürrisch war, noch die, die immer alles regelt. Ich konnte sein, wer ich sein wollte.

Ich habe mich hier Sachen getraut, die in Deutschland nur ein Traum gewesen waren – Onlinekurse anbieten, dieses Buch schreiben, Tanzen lernen. Ich musste mich zumindest vorübergehend von dem Teil von mir verabschieden, der unangenehmes Schweigen in Gruppen bricht, sich über seinen Intellekt definiert, die Sprache als Schutz benutzt – denn diese Sprache hier lerne ich erst noch. Diese Person, die inmitten all dessen hervorgetreten ist, gefällt mir richtig gut.

Welches Experiment würdest du gerne mal wagen – allein, nur für dich, mit deinem Partner, mit Freundinnen oder der Familie? Was hast du dich bisher nicht getraut, weil du Angst hattest zu versagen, es nicht zu können, die Schlechteste zu sein? Und was ändert sich in deinen Gedanken, wenn du es als Experiment betrachtest, dessen Ergebnis du mit Neugierde erwartest?

7.2
WIE EXPERIMENTIERT MAN DENN MIT GELD?

Da es in diesem Buch um unsere Beziehung zum Geld geht, stellt sich jetzt natürlich die Frage: Wie können denn Experimente beim Thema Geld aussehen?

Nun, sicher nicht so, dass man in die Spielbank geht und alles auf Rot setzt. Doch neben dem Manifestationsexperiment, das wir am Ende des Kapitels zusammen machen und das ein rein gedankliches Experiment ist, können wir mit Geld auch richtig greifbare Experimente durchführen. Meine Favoriten stelle ich dir hier vor.

7.2.1
Gedanken ändern

Im Verlauf des Buchs habe ich oft davon gesprochen, dass ich meine Geschichte oder meine Glaubenssätze zu einer Situation verändert habe, um sie besser zu machen. Aber wie genau geht das eigentlich?

Ich benutze dazu zwei Werkzeuge. Zum einen die von mir GEAR genannte Methode. Dieses Modell aus dem Selbstcoaching erklärt auf stark vereinfachte Weise, wie unsere Gedanken und Gefühle miteinander in Zusammenhang stehen und was das für unser Verhalten bedeutet.

Die GEAR-Methode

Schematisch sieht das so aus:

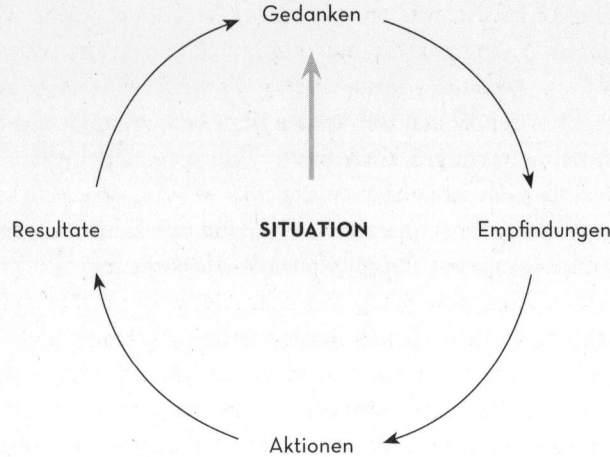

Auch wenn wir uns noch so sehr bemühen, wir können die Welt nicht kontrollieren. Wir können nur kontrollieren, wie wir auf das, was in der Welt passiert, reagieren.

In unserem normalen Alltag kann nichts von außerhalb dafür sorgen, dass wir uns gut oder schlecht fühlen, denn es sind nicht die Umstände, sondern unsere Gedanken dazu, die unsere Gefühle und unser Erleben bestimmen. Die wichtigste Komponente, um uns besser zu fühlen, ist, unsere Gedanken wahrzunehmen und bewusst auszuwählen.

In dem obigen Modell steht die **Situation** in der Mitte. Sie ist etwas, was in unserem Leben passiert. Sie ist erst einmal neutral, löst in uns aber einen Gedanken aus.

Ein **Gedanke** ist das, was in deinem Kopf passiert. Er ist der Ausgangspunkt der GEAR-Methode.

Empfindungen sind Vibrationen, die in unserem Körper stattfinden. Sie werden von besagtem Gedanken ausgelöst, nicht von äußeren Umständen.

Die **Aktion** ist, was wir tun, unser Verhalten. Dieses Verhalten ist abhängig davon, wie wir uns fühlen. Wenn wir verliebt sind, verhalten wir uns anders, als wenn wir uns gerade getrennt haben. Wenn wir traurig sind, verhalten wir uns anders, als wenn wir glücklich sind.

Das **Resultat** schließlich ist das, was wir in unserem Leben sehen, das Ergebnis unserer Aktion. Und es wird immer eine Bestätigung unseres ursprünglichen Gedankens sein.

Dieser Zusammenhang zwischen Gedanken und Empfindungen sowie den daraus resultierenden Aktionen und Resultaten ist uns meist nicht bewusst. Es fällt uns schwer, Gedanken und Gefühle voneinander zu trennen. Wenn ich meine Klienten frage: »Was hast du in der Situation **gedacht**?«, beginnt die typische Antwort oft mit: »Das war so ein *Gefühl*, als ob ich …«

Doch wenn wir verstehen, wie unsere Gedanken unsere Gefühle bestimmen – und damit unser Verhalten –, können wir anfangen, die Gedanken zu verändern … und damit verändern sich unsere Empfindungen und deren Resultate in unserem Leben. Ein Beispiel:

Situation: Du guckst dir deinen Kontostand an.

Gedanke: Ich kann nicht mit Geld umgehen.

Empfindung: *Wie fühlst du dich, wenn du diesen Gedanken hast? Was passiert in deinem Körper? Welche Gefühle steigen in dir auf?*

Meine Kehle schnürt sich zu, meine Handflächen werden feucht. Ich fühle mich schwach, dumm, ängstlich.

Aktionen: *Was tust du, wenn du dich so fühlst? Wie verhältst du dich?*

a) Ich lenke mich durch Shopping ab.

b) Ich schaue meine Kontoauszüge nicht an.

c) Ich beschäftige mich nicht weiter mit dem Thema.

Resultat: *Was ist das Ergebnis deines Verhaltens? Was siehst du in deinem Leben?*

a) Ich habe noch weniger Geld als vorher.

b + c) Ich habe keine Ahnung, wie es um mein Geld bestellt ist.

Damit hast du dir bestätigt, dass du mit deinem Geld nicht umgehen kannst.

Wenn uns also das Resultat nicht gefällt, müssen wir in dieser Situation – »Ich gucke mir meinen Kontostand an« – den Gedanken ändern. Damit lösen wir andere Empfindungen in uns aus, die uns anders handeln lassen, womit wir andere Resultate erzielen. Das ist – wie alles Neue – am Anfang schwer, aber mit etwas Übung geht es irgendwann fast automatisch.

Nun ist es so, dass wir unsere Gedanken nicht willkürlich ändern können. Wenn du versuchst, von »Ich kann nicht mit Geld umgehen« zu »Ich bin die Königin im Umgang mit Geld« zu springen, wirst du leider auf die Nase fallen, denn das glaubst du dir selbst nicht. Der neue Gedanke würde vermutlich nur Fassungslosigkeit über so viel Unsinn als Empfindung in dir hervorrufen, aber mehr auch nicht.

Bei diesem Werkzeug geht es darum, in kleinen Schritten vorzugehen. Ich vergleiche das gerne mit dem Training für Hunde: Wir teilen den Weg zum Endziel in möglichst kleine, gut zu bewältigende Einheiten auf – und feiern jeden Meilenstein auf diesem Weg.

Bleiben wir bei unserem Beispiel. Wie könnte ein neuer Gedanke aussehen?

Situation: Du guckst dir deinen Kontostand an.

Gedanke: Ich würde gerne besser mit meinem Geld umgehen.

Empfindung: Vielleicht ein wenig Traurigkeit und Frust, weil du mit deinem Geld nicht gut umgehst. Dazu der neue Gedanke*: *Es kann doch nicht sein, dass ich dazu zu blöd bin*, der dann wiederum als Gefühl vermutlich Trotz hervorruft – und Trotz ist gut, denn er spornt uns an, etwas zu unternehmen.

Aktion: Ich suche mir einen Coach. / Ich fange an, mehr auf mein Geld zu achten. / Ich setze mir Sparziele. / Ich lese mich in das Thema ein.

Resultat: Ich habe mir bewiesen, dass ich nicht zu blöd bin und dass ich wirklich besser mit meinem Geld umgehen möchte.

Meinen Klientinnen sage ich immer, dass sie dieses Modell schon erfolgreich angewendet haben, ohne dass es ihnen bewusst war. Denn etwas hat sich in ihrem Denken geändert, sodass sie beschlossen haben: »Jetzt reicht es mir mit meinem finanziellen Chaos, ich will etwas dagegen unternehmen.«

Als ich gerade an diesem Buch saß, erreichte mich eine E-Mail von Melanie, die ein Jahr zuvor meinen Online-Workshop mitgemacht hatte. Sie war über einen gemeinsamen Bekannten zu mir gekommen und sagte von sich, sie könne nicht mit

---

*   Wie ich eingangs sagte, ist das Modell eine sehr vereinfachte, schematische Darstellung des Prozesses. Oft ruft ein Gedanke ein Gefühl hervor, aus dem wieder ein Gedanke hervorgeht, der zu einem anderen Gefühl führt, und das treibt uns dann zur Aktion an.

Geld umgehen. Es fiel ihr nicht nur schwer, ihre Schulden ab-zubezahlen, sondern ihr Konto geriet auch am Ende eines je-den Monats ins Minus.

»Durch dein Seminar sind bei mir in Bezug auf das Thema Geld riesige Felsbrocken ins Rollen gekommen«, schrieb sie mir.

Zuerst hat sie mithilfe von Fragen, die ich ihr zum Thema Geld gestellt habe, die sie behindernden Glaubenssätze aufge-spürt und mit der GEAR-Methode nach und nach aufgelöst.

Alte Glaubenssätze, die ihr durch den Workshop bewusst geworden sind, waren:

- Ich darf auf keinen Fall geizig sein oder wirken, deshalb muss ich viel Geld ausgeben und darf nicht reich sein.
- Ich schaue nicht hin. Ich mache mir keine Gedanken über Geld. Geld ist nicht wichtig. Geld ist eine Illusion.
- Ich lebe in einer widersprüchlichen Spirale aus Angst und Mangel, verbunden mit einer Lust am Geldausgeben, um es mir gut gehen zu lassen, was wiederum ein Minus auf dem Konto erzeugt.
- Also kaufe ich aus einem Mangelgefühl heraus vermeint-lich schöne Dinge, die ich gar nicht benötige, nur um den Mangel zu beseitigen.
- Ich überziehe wahllos mein Konto, gebe Geld aus ohne Kontrolle und Bezug. Ich fühlte mich nicht verantwortlich für meinen Umgang mit Geld.

Durch das Hinterfragen dieser Glaubenssätze und die schritt-weise Änderung derselben, hat sie folgende neue Glaubens-sätze entwickelt:

- Ich bin nicht automatisch geizig, wenn ich viel Geld habe.
- Ich gebe nur das Geld aus, das ich habe.

- Ich bin verantwortlich für meinen Umgang mit Geld und achte auf meine Ausgaben.
- Ich baue eine liebevolle, wertschätzende Beziehung zu Geld auf.

Um diese liebevolle Beziehung aufzubauen, hat sie zusätzlich angefangen, ihre Ausgaben und Einnahmen in dem Gefühls-haushaltsbuch zu notieren, um auch hier den negativen Gefühlen und Geschichten auf den Grund zu gehen und sie zu verändern. Schließlich fühlte sie sich in ihrer Beziehung zum Geld so sicher, dass sie angefangen hat, sich monatliche Budgets zuzuweisen und sie in bar in Umschlägen zu verwalten. Das mit Bargeld zu tun kann helfen, die Budgets wirklich einzuhalten. Wenn der Umschlag leer ist, ist er eben leer. (Mehr zu Budgets weiter hinten in diesem Kapitel.)

Melanie hat das Ganze dann noch mit ein wenig »Karma gepimpt«, wie sie schrieb, und ein Jahr lang jedem Bettler etwas Geld gegeben.

»Und nun fließt das Geld förmlich zu mir«, schreibt sie weiter. »Ich bin schuldenfrei, und anstatt der monatlichen Minusbeträge von circa 500 Euro im Monat habe ich jetzt circa 600 Euro pro Monat über! [...] PS: Ich bin jetzt investment-mäßig am Aktien- und Optionsmarkt unterwegs ...«

Ich gebe zu, ich bin immer noch von den Socken. Innerhalb eines Jahres von »Ich will mit Geld nichts zu tun haben und kann damit nicht umgehen« zu »Ich bin meine Schulden los und investiere jetzt am Aktienmarkt« ist ein verdammt großer Schritt. Ich hoffe, Melanie ist so stolz auf sich wie ich auf sie.

Übung zur GEAR-Methode:

Versuch es doch einmal selbst. Schreib alle negativen Gedanken auf, die du in Bezug auf Geld hast:

Geld ist für alles Schlechte auf der Welt verantwortlich.
Ich habe immer zu wenig Geld.
Das Geld bleibt nie bei mir.
Geld ist anstrengend.
Man muss hart arbeiten für sein Geld.
Das kann ich mir nicht leisten.
Wenn ich mehr will, nehme ich jemand anderem etwas weg.
Reiche Menschen sind unsympathisch.
Ich habe Angst, irgendwann mittellos zu sein.
Aus meinen Schulden komme ich niemals raus.
In meinem Job werde ich nie reich.

_____

_____

_____

_____

Dann suche dir einen dieser Gedanken aus und spiele die GEAR-Methode durch: Wie fühlst du dich, wenn du diesen Gedanken hast? Wenn du das Gefühl nicht genau benennen kannst, spüre in deinen Körper hinein: Wo fühlst du was? Anspannung, Hitze, Kälte? Im Herzen, auf den Wangen, im Magen, in den Schultern?

Verstärke diese Empfindungen mental und überlege, wie du dich verhältst, wenn du dich so fühlst. Das kommt dann in die »Aktion«-Zeile. Und aus der ergibt sich automatisch das Resultat. Was passiert, wenn du dich so verhältst? Du wirst sehen, es ist eine Bestätigung deines Gedankens.

Danach suchst du dir einen Gedanken, der sich ein kleines bisschen besser anfühlt. Bei dem die Schultern nicht ganz so hochgezogen, der Magen nicht ganz so angespannt, die Wangen nicht ganz so heiß sind. Fühl dich auch da hinein und überlege, wie du dich verhalten würdest, wenn du diesen Gedanken glaubst. Welches Resultat würdest du dann erzielen?

Für deine Gedanken:

(aktueller) Gedanke:

_____

Empfindung:

_____

Aktion:

_____

Resultat:

_____

(neuer) Gedanke:

_____

Empfindung:

_____

Aktion:

_____

Resultat:

_____

Warum so kleine Schritte?

Du erinnerst dich vielleicht, dass ich diesem Buch den Satz vorangestellt habe: »Ein Gedanke ist so lange ein Gerücht, bis er im Körper angekommen ist.« Das liegt daran, dass unser Gehirn beim Denken Botenstoffe freisetzt, die zu dem Gedanken passen und die entsprechenden Gefühle in unserem Körper auslösen.

Kurz gesagt: Wenn du liebevolle oder fröhliche Gedanken hast, produzierst du Botenstoffe, die dich liebevoll oder fröhlich fühlen lassen. Wenn du negative oder ängstliche Gedanken hast, fühlst du dich negativ oder ängstlich.

Nun kommt der Knackpunkt: Wenn wir einen Gedanken sehr lange mit uns herumtragen, kann es passieren, dass er sich so in unserem Körper festsetzt, dass sich das GEAR-Modell umkehrt. Dr. Joe Dispenza* beschreibt das wie folgt: »Wenn du bestimmte Gedanken denkst, produziert das Gehirn Chemikalien, die dafür sorgen, dass du dich genauso fühlst, wie du denkst. Sobald du dich so fühlst, wie du denkst, fängst du an, so zu denken, wie du fühlst.«

Vereinfacht ausgedrückt bedeutet das, wir wollen etwas Neues denken und glauben, sind an das Alte aber so sehr gewöhnt, dass unser Körper sagt: »Nein, lass das mal, das ist gefährlich. Den alten Gedanken kennen wir, denk einfach mehr davon. Damit kennen wir uns aus, das ist sicher.« Denn unsere Körper mögen keine Veränderungen.

Wenn wir jetzt also versuchen, anstatt: *Ich habe nie genügend Geld*, zu denken: *Ich habe Geld im Überfluss*, ist das, als versuchten wir, ein scheues Tier nicht langsam hervorzulocken, sondern zu packen und ans Licht zu zerren. Sobald wir es loslassen, wird es blitzschnell wieder in seinem Loch verschwinden. Wir müssen das scheue Tier unseres Körpers langsam davon überzeugen, dass es sicher ist, aus dem vertrauten Loch herauszukommen.

Das ist auch der Grund, warum Affirmationen von außen nicht funktionieren. Ich kann mir das ganze Haus mit Zetteln zukleben und mir jeden Morgen dreimal sagen: »Ich bin reich und schön und erfolgreich« – wenn diese Gedanken nicht aus mir herauskommen, glaubt mein Körper sie nicht. Er wird weiter die vertrauten Gefühle produzieren, die zu »Ich bin arm und hässlich und kriege nichts auf die Reihe« passen, und somit das Gehirn animieren, auch wieder in diese Richtung zu denken.

Unsere neuen Gedanken sollten also auf der einen Seite so

* »Breaking the Habit of Being Yourself: How to Lose Your Mind and Create a New One«, Dr. Joe Dispenza, Hay House UK 2012

herausfordernd sein, dass wir uns ein wenig strecken müssen – raus aus der vertrauten Zone –, auf der anderen Seite aber auch so glaubwürdig, dass unser Körper uns folgen mag.

»Ich habe nie genügend Geld.« → »In diesem Moment habe ich alles, was ich brauche: ein Dach über dem Kopf, Kleidung und etwas zu essen.«

»Ich kann nicht mit Geld umgehen.« → »Jedes Mal, wenn ich etwas bezahle, gehe ich mit Geld um.«

»Mich um meine Finanzen zu kümmern ist so zeitaufwendig, das kann ich nicht.« → »Ich kann mir einmal in der Woche zehn Minuten Zeit nehmen, um meine Kontoauszüge zu checken.«

In meinen Online-Workshops gibt es Hausaufgaben, von denen ich den Teilnehmern rate, sie täglich zu machen, um eine gewisse Routine aufzubauen. Nun tragen einige von ihnen noch alte Ressentiments aus Schulzeiten mit sich herum, was Hausaufgaben angeht. Da kommt es dann oft zu lustigen Szenen, wenn sie sich am Ende der Woche rechtfertigen, warum sie die Aufgaben nicht oder nicht täglich gemacht haben. Aber ganz ehrlich: Mir ist es egal, ob und wann sie die Aufgaben machen. Die werden weder bei mir eingereicht noch benotet, es sind Hilfsmittel für die Teilnehmer, nicht für mich.

Carlotta, eine Teilnehmerin, erzählte mir also am Ende der ersten Woche, dass sie keine Zeit habe, um täglich Hausaufgaben für ihr Geld zu machen, dass ihr das alles zu viel werde. Und das glaube ich. Es ist nicht leicht, sich in unserem vollgepackten Alltag auf einmal Zeit für etwas zu nehmen, das man bisher so wunderbar ignoriert hat. Aber sie wollte ihre Beziehung zum Geld verbessern, also musste eine Lösung für ihr Problem her.

Den Gedanken »Ich habe keine Zeit« trug sie schon viele Jahre mit sich herum. Er zeigte sich nicht nur beim Thema Geld, sondern in vielen Bereichen ihres Lebens. Dahinter steckte unter anderem die Angst davor, etwas nicht zu schaffen und zu versagen. Inzwischen diktierte ihr Körper ihr, dass sie das weiterdenken solle, deshalb fand sie auf Anhieb keinen anderen Gedanken, der sich besser anfühlte und andere Resultate als »keine Hausaufgaben gemacht« erzielte.

Also haben wir das GEAR-Modell gemeinsam angewendet:

Situation: Teilnahme an einem Online-Workshop über Geld
Gedanke: *Das ist alles zu viel! Jeden Tag Hausaufgaben für mein Geld zu machen, schaffe ich nicht, so viel Zeit habe ich nicht.*
Empfindung: enges Gefühl in der Brust, Trotz, generelle Anspannung im Körper, Versagensangst
Aktion: Aufschieben der täglichen Hausaufgaben, ihnen keine Zeit einräumen
Resultat: keine Hausaufgaben gemacht, am nächsten Tag das doppelte Pensum vor sich, was noch mehr belastet und noch mehr Zeit in Anspruch nimmt (= Bestätigung ihres ursprünglichen Gedankens).

In so einem Fall, bei dem es um zeitliche Probleme geht, funktioniert es wunderbar, wenn man sich kleine Zeitinseln schafft, um etwas zu tun.

Ich schlug Carlotta also vor, sich eine ganz kurze Zeitspanne pro Tag zu nehmen, um das »scheue Tier« hervorzulocken und ihm zu zeigen, dass diese Veränderung nicht schlimm ist.

Das Höchstmaß dessen, was sich für sie erträglich anfühlte, waren zwei Minuten.

Daraufhin haben wir das Modell noch einmal durchgespielt:

Situation: Teilnahme am Online-Workshop über Geld
Neuer Gedanke: *Ich nehme mir jeden Abend zwei Minuten Zeit für die Hausaufgaben und setze einen Timer.*
Empfindung: optimistisch, entspannt, vielleicht sogar ein wenig stolz darauf, es anzugehen
Aktion: abends den Timer stellen und zwei Minuten Hausaufgaben machen
Resultat: Hausaufgaben gemacht (= Bestätigung des neuen Gedankens).

Genauso hat sie dann in der zweiten Woche angefangen. Und wie so oft, wenn wir uns eine kurze Zeitspanne nehmen, hat sie an vielen Abenden länger mit ihren Hausaufgaben verbracht, weil sie auf einmal im Fluss war, weil ihr tausend tolle Gedanken und Ideen gekommen sind. Zu wissen, dass sie nach zwei Minuten hätte aufhören können, war die Sicherheit, die ihr Körper brauchte, um sich mit dem neuen Gedanken und der damit einhergehenden neuen Realität anzufreunden.

Deshalb also arbeiten wir mit kleinen Schritten, die uns am Ende schneller ans Ziel bringen, als jeder große Sprung es je tun könnte.

Das Gegenteil ist wahr

Die zweite Methode, die ich nutze, um meine Gedanken zu ändern, ist, das Gegenteil von dem zu finden, was ich glaube. Das haben wir am Anfang des Buches schon mal mit dem Beispiel »Ich kann nicht mit Geld umgehen« gemacht. (Du erinnerst dich? Wenn du schon mal Geld ausgegeben, eingenommen und gespart hast, kannst du mit Geld umgehen.)

Ein Gedanke, den ich früher oft hatte, war: *Ich habe nicht genug Geld.* Diesen Gedanken konnte ich mit der GEAR-Methode nie so richtig an der Wurzel packen und ausreißen. Natürlich konnte ich mir sagen: »Im Moment habe ich alles, was ich brauche«, aber das hat nicht gereicht, um mein Verhalten zu verändern.

An einem trüben Novembertag bin ich mit meinen Hunden über die feuchten Felder und Wiesen gestapft und habe wieder mal gedacht: *Ich habe nicht genug Geld.* Ich habe die Worte in meinem Kopf hin- und hergedreht, umgestellt, ins Gegenteil verkehrt … und auf einmal war er da. Ein neuer Gedanke, der sich unglaublich wahr anfühlte: *Geld hat nicht genug von mir.*

Dieser Satz hat mich wachgerüttelt. Wie konnte ich erwarten, dass Geld für mich da ist, wenn ich nicht bereit war, für mein Geld da zu sein? Mich darum zu kümmern, es zu pflegen, es liebevoll zu betrachten, mit ihm Spaß zu haben?

An diesem Tag wurde mein »Geld-Date« geboren – der wöchentliche Termin mit meinem Geld, bei dem ich es mir genau anschaue, es dorthin verteile, wo es hingehört, und ihm die Aufmerksamkeit schenke, die ihm gebührt.

Falls du also einen Gedanken hast, der dich stört oder behindert und dem du mit der GEAR-Methode nicht beikommst, versuch mal, ihn ins Gegenteil zu verkehren, und assoziiere frei zu diesem neuen Satz. Was könnte er bedeuten, wie könntest du ihn interpretieren, und welche Veränderungen könntest du dank ihm in deinem Leben vornehmen?

Sparen

Eine weitere handfeste Methode, mit seinem Geld zu experimentieren, ist zu sparen.

Okay, ich gebe zu, wenn ich das Wort »sparen« höre, steigen in mir sofort Bilder von der winzigen Bankfiliale in meinem Heimatort auf – Nadelfilzteppich, am Ende der Schalter, ich davor mit meinem Jeanssparbuch am Weltspartag. Parallel bekomme ich das Gefühl, einen zu engen, kratzigen Rollkragenpullover zu tragen. Sparen ist einfach nicht sexy. Hinzu kommt, dass in der heutigen Zeit mit den niedrigen Zinsen das klassische Sparen auf dem Sparbuch auch nicht sonderlich erfolgversprechend ist, denn die Zinsen von unter einem Prozent werden von der Inflationsrate von zwei Prozent aufgefressen. Das bedeutet, auch wenn die Summe auf unserem Sparbuch über die Jahre etwa die gleiche bleibt, verliert sie jedes Jahr knapp zwei Prozent an Wert.

Außerdem klingt bei dem Wort »sparen« immer mit, dass wir »den Gürtel enger schnallen« und »zurückstecken« müssen, dass wir uns Dinge versagen sollen, kurz, dass wir eingeschränkt werden.

Dabei ist Geld zurückzulegen ja durchaus etwas Positives. Wir müssen es nur anders nennen. Deshalb habe ich zwei Tipps, wie du das Zurücklegen von Geld anders betrachten kannst.

Investieren

Du weißt ja aus den vorherigen Kapiteln um die Wichtigkeit der Sprache. Wenn also das Wort »sparen« bei dir unangenehme Gefühle weckt, tausche es doch mal gegen das Wort »investieren« aus. Du legst zum Beispiel Geld zurück, um es in deinen Urlaub, eine Fortbildung, deine Alterssicherung zu investieren. Ein Investment bedeutet – je nach Risiko natürlich –, dass sich ein Wert vermehrt. Ein Investment in eine Fortbildung kann somit entweder zu mehr Geld führen, weil du durch die neuen Fähigkeiten und Kenntnisse andere Aufstiegschancen im Beruf erhältst. Oder es führt zu mehr Wissen über ein Thema, das dir wichtig ist, und somit wächst dein Wissenswert oder Erfahrungsschatz.

Eine Investition in deinen Urlaub führt dazu, dass du deine Energiespeicher aufladen kannst und dich danach ausgeruhter und fitter fühlst, du investierst also in deine eigenen Kraftressourcen. Womöglich hast du auch etwas Neues (kennen-) gelernt, neue Erfahrungen gemacht, die deinen Alltag bereichern und die dir keiner mehr nehmen kann.

Altersvorsorge

Wo ich gerade über Investitionen und Alterssicherung spreche: Das ist ein Thema, das in letzter Zeit gerade für Frauen immer mehr in den Fokus gerückt ist. Viele von uns haben bisher einen großen Bogen darum gemacht. Wenn wir keine gesunde Beziehung zu unserem Geld haben, fällt es uns besonders schwer, uns mit so etwas Abstraktem wie Rentenversicherung, Aktienanlagen, Investmentfonds und Ähnlichem zu beschäftigen. Mit diesem Buch habe ich dir die Grundlage dafür in die Hand gegeben, die Angst vor deinem Geld zu verlieren und eine gute, stabile, gefühlvolle Beziehung zu ihm – und zu dir selbst – aufzubauen. Diese Grundlage brauchen wir, um den nächsten Schritt zu gehen.

Viele meiner Kundinnen haben Angst davor, ihr Geld langfristig zu investieren, damit es für sie arbeiten und ihnen irgendwann einen angenehmen Lebensabend ermöglichen kann. Doch wie wir gesehen haben, ist Angst nur ein Zeichen dafür, dass uns Informationen oder Unterstützung fehlen. Die Angst vor dem Investieren lässt sich auf dieselbe Weise überwinden – indem wir beginnen, uns zu informieren und uns Unterstützung zu suchen.

Als ich anfing, mich mit diesem Thema zu beschäftigen, bin ich fast verzweifelt. Denn bis vor gar nicht langer Zeit war alles, was mit Finanzen zu tun hatte, für Männer geschrieben. Ich habe es kaum geschafft, einen Absatz in einem Fondsprospekt zu lesen, ohne dass mir die Augen vor Langeweile zugefallen sind. Inzwischen gibt es zum Glück sehr gute, auf Frauen zugeschnittene Bücher und Kurse. Auch einige Finanzberaterinnen behandeln das Thema auf eine Weise, die interessant und verständlich ist.

Das Wichtigste ist, dir klarzumachen, was du willst.

- Hast du eine größere Summe, die du auf einmal anlegen möchtest?
- Ist dir ein monatlicher Sparplan lieber?
- Möchtest du beides kombinieren?
- Soll es ein Eigenheim oder eine Eigentumswohnung sein, damit du später mietfrei wohnen kannst?
- Oder eine Immobilie, die dir durch Mieteinnahmen ein passives Einkommen verschafft?

Sobald du das für dich entschieden hast, geht die Recherche los. Was für Anlagemöglichkeiten bietet die Börse? Wo kann ich ein Depot eröffnen? Was sind Investmentfonds, wie kann ich sie handeln, welche Art von Unternehmen möchte ich unterstützen? Deine Risikobereitschaft zu ermitteln hilft dir bei der Entscheidung, in welche Form von Anlagen (Rentenversicherungen, Aktien, Investmentfonds, Staatsanleihen) du investieren solltest. Hierbei gilt: Je geringer das Risiko der Anlage, desto geringer der spätere Gewinn.

Ganz wichtig ist auch zu wissen: Wie viel Geld musst du einmalig oder monatlich investieren, um nach der gewünschten Anzahl von Jahren auf dein Einkommen zu kommen? Oder umgekehrt: Welches monatliche Einkommen soll deine Investition erwirtschaften, wie viel kannst du anlegen, und wie viele Jahre musst du dann investieren? Hierzu gibt es wunderbare Zinsrechner im Internet, die dir die Zahlen ganz genau aufschlüsseln, zum Beispiel:

- Für einmalige Anlagen:
  www.zinsen-berechnen.de/zinsrechner
- Für regelmäßiges Sparen:
  www.zinsen-berechnen.de/sparrechner
- Für Fondssparen:
  www.zinsen-berechnen.de/fondsrechner
- Und für die Entnahme von Rente aus Kapitalvermögen:
  www.zinsen-berechnen.de/entnahmeplan

Wenn es ein Eigenheim oder eine Eigentumswohnung sein soll, gilt es, den Markt zu studieren, um zu sehen, welche Entwicklung die Gegend nimmt. Steht in den nächsten Jahren an, dass eine neue Startbahn für den Flughafen oder eine neue Bahntrasse gebaut wird? Dann könnte der Wert des Hauses erheblich sinken. Ist eine Aufwertung des Viertels geplant? Dann könnte der Wert steigen.

Bei Eigentumswohnungen ist es auch wichtig zu bedenken, dass Gemeinschaftskosten anfallen. Wenn die Hausgemeinschaft beschließt, dass eine neue Klingelanlage oder an jeder Wohnung ein Balkon angebracht werden soll, muss man seinen Teil der Kosten übernehmen, ob man diese Veränderungen nun gutheißt oder nicht. Hierfür gilt es, ausreichend Rücklagen zu bilden.

Das Gleiche gilt natürlich auch für den Erwerb einer Immobilie zum Vermieten. Dazu sollte sichergestellt sein, dass die zu erzielenden Mieteinnahmen die möglichen Kosten für den Kredit sowie Renovierungsmaßnahmen und Reparaturarbeiten decken können.

Dank Corona haben wir leider gesehen, dass keine Investition auf der Welt wirklich sicher ist. Vermieter hatten sinkende Einnahmen, weil viele Mieter ihre Arbeit verloren haben oder in Kurzarbeit gehen mussten und ihre Miete nicht mehr bezahlen konnten. Die Börsenkurse sind eingebrochen – es gab einige Gewinner, aber auch viele Verlierer. Und auch das eigene Haus oder die eigene Wohnung sind nicht unbedingt sicher, wenn sie noch nicht abbezahlt sind und man sich die monatlichen Darlehensraten nicht mehr leisten kann.

Die Angst davor, alles zu verlieren, kann ich dir also leider nicht ganz nehmen. Andererseits zeigt die Geschichte auch, dass es zum Beispiel nach jedem Börsencrash immer wieder einen Aufschwung gab und der immer höher ausfiel als das letzte Hoch. Und auch wenn es regional immer mal gegenläufige Trends gibt, zeigte die generelle, langfristige Entwicklung auf dem Immobilienmarkt in der Vergangenheit immer wieder nach oben.

Das Geheimnis einer Investition ist also: Geduld. Kurzfristige Geldanlagen sind etwas für Spekulanten. Wenn dein Geld wirklich für dich arbeiten soll, rechne mit einem Zeithorizont von mindestens fünfzehn, besser noch zwanzig Jahren. Nur dann können die Schwankungen des Marktes ausgesessen und (bei Aktien oder Investmentfonds) der volle Effekt des Zinseszinses ausgeschöpft werden.

Dax seit 1959

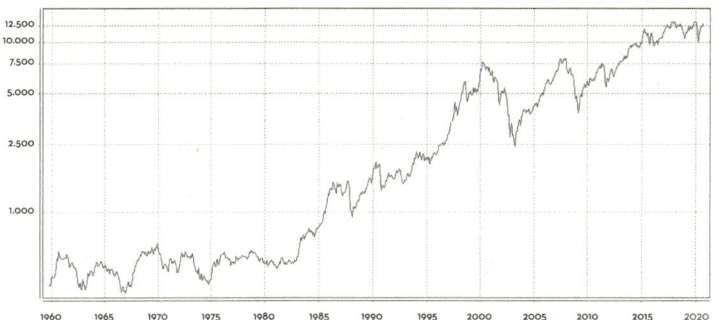

https://www.boerse.de/langfristchart/Dax/DE0008469008

Nachdem ich im Sommer 2018 mein Haus verkauft hatte, stand ich vor der Frage: Was tun mit dem Geld? Im ersten Moment hatte ich ein wenig Panik davor, sofort entscheiden zu müssen, was ich damit tun will. Doch dann fiel mir auf, dass ich zu dieser Summe überhaupt kein Verhältnis hatte. Das Geld lag da auf meinem Konto wie ein Fremdkörper, der nichts mit mir zu tun hatte.

Das ist ein Phänomen, von dem mir mehrere Klientinnen berichtet haben: Wenn plötzlich eine größere Summe Geld auftaucht – sei es durch eine Erbschaft, eine Abfindung, den Verkauf einer Firma oder eines Hauses –, ist es uns erst einmal fremd. Ein Grund dafür kann sein, dass der Betrag deutlich über dem liegt, womit wir es im Alltag zu tun haben. Wir alle haben einen Zahlenbereich, in dem wir uns auskennen und einigermaßen sicher bewegen und wohlfühlen. Zu einer Summe, die dieses Normalmaß weit übersteigt, haben wir keinen Bezug, weil uns der Referenzrahmen fehlt.

Ein anderer Grund kann sein, dass wir glauben, dieses Geld nicht verdient zu haben, beispielsweise wenn wir Geld oder Aktien erben oder etwas verkaufen, das wir geerbt haben, wie das Haus unserer Eltern. Und ein dritter Grund kann sein, dass mit dem Geld ungute Gefühle wieder an die Oberfläche gespült werden, wie die entsetzliche letzte Zeit in einer Firma, von der wir nun eine Abfindung erhalten.

Mein Rat in allen Fällen ist: Freunde dich erst einmal mit diesem Geld an. Lass es in Ruhe auf dem Konto liegen – ja, es verliert seine zwei Prozent durch die Inflation, aber besser das als eine überstürzte Investition, bei der du alles verlierst –, und mach dich mit der neuen Situation vertraut.

Warum du eine vertrauensvolle Beziehung zu deinem Geld brauchst, um Investitionsentscheidungen zu treffen? Damit du unterscheiden kannst, ob das ungute Gefühl, das du bei einer möglichen Investition hast, daher kommt, dass dir das Thema Geld an sich unangenehm ist, oder daher, dass diese Investition für dich nicht die richtige ist.

Unser sogenanntes Bauchgefühl kann ein hervorragender Indikator für unsere Entscheidungen sein. In seinem Buch »Blink«* beschreibt der Autor Malcolm Gladwell gleich zu Beginn, wie Kuratoren ins Getty-Museum eingeladen wurden, um eine antike Statue zu begutachten. Das Museum hatte vorher aufwendige Tests durchgeführt, um die Echtheit der Statue zu bestätigen, doch die Kuratoren – alles Koryphäen auf ihrem Gebiet – brauchten nur wenige Sekunden, um zu

---

* »Blink – The Power of Thinking Without Thinking«, Malcolm Gladwell, Penguin 2006

spüren, dass etwas mit diesem Kunstwerk nicht stimmte. Sie konnten es nicht erklären, es waren Wörter, die ihnen durch den Kopf schossen, oder das Gefühl, die Statue durch eine Glaswand zu betrachten. Kurz, sie haben es einfach gewusst – und weitere Tests haben später bestätigt, dass sie recht hatten und es sich um eine Fälschung handelte.

Dieses Wissen der ersten Sekunde kennen wir vermutlich alle aus verschiedenen Situationen. Wenn ich eine neue Wohnung suche, weiß ich beim Betreten des Gebäudes sofort, ob ich dort einziehen möchte oder nicht. Da können die äußeren Bedingungen noch so verlockend sein, wenn das Bauchgefühl nicht stimmt, wird das nichts. Ich weiß eben ganz genau, welches Gefühl ich in meinen vier Wänden haben möchte.

Bezogen auf Investitionen gilt das genauso: Je besser wir wissen, was wir brauchen, womit wir uns wohlfühlen, desto verlässlicher wird unser Bauchgefühl. Wir laufen dann nicht Gefahr, uns von jemandem etwas schönreden zu lassen, sondern vertrauen auf das erste Gefühl, das in uns aufsteigt, wenn wir von einer Investitionsmöglichkeit hören.

Wenn diese Basis da ist, können wir sie mit Informationen stützen. Jetzt ist es an der Zeit zu recherchieren, zu lesen, zu fragen. Denn nun verrät uns unser Bauchgefühl auch, ob wir den Informationen, die wir zusammentragen, vertrauen oder nicht.

Ich hatte mir ein Jahr gegeben, um mir zu überlegen, was ich mit dem Geld vom Hausverkauf tun möchte. In der Zeit habe ich alle paar Wochen auf das Konto geschaut, um mich an die Summe zu gewöhnen. Ich habe verschiedene Rechnungen durchgeführt, um ein Gefühl dafür zu bekommen, wie viel es eigentlich ist. Wie viele Jahre könnte ich mir die Miete für meine Wohnung von diesem Geld leisten? Wie viele Monate oder Jahre könnte ich von diesem Geld leben, wenn ich kein Einkommen mehr hätte? Und was wollte ich schon immer mal haben, das ich mir jetzt von diesem Geld kaufen könnte?

Im Laufe dieses ersten Jahres wurde mir immer klarer, was ich möchte und was ich nicht möchte. Zuerst brauchte ich tatsächlich ein neues Auto, weil mein altes in jenem Jahr seinen Geist aufgegeben hat. Von dem restlichen Geld wollte ich zehn Prozent in mich investieren – nicht auf einmal, sondern im Laufe der nächsten Jahre –, für Fortbildungen, Coachings, einen Tag im Spa … Einen weiteren Teil des Geldes wollte ich in Dinge investieren, die Spaß bringen und, wenn möglich, eine Rendite erzielen, zum Beispiel Autos oder Uhren an- und verkaufen. Sollte ich sie nicht verkauft bekommen, hätte ich wenigstens ein schönes Auto oder eine schicke Uhr.

Den Großteil wollte ich jedoch für meine Alterssicherung an der Börse anlegen.

Das nächste halbe Jahr habe ich damit verbracht, mich schlauzumachen, wie die Börse funktioniert, was Investmentfonds sind, in welche Unternehmen oder Fonds ich investieren möchte etc. Dann kam Corona, und ich habe noch mal neu angefangen zu gucken, was der Markt so macht und ob ich noch etwas an meiner Strategie oder meinem Wunschportfolio ändern möchte. In dieser Phase bin ich gerade, während ich dieses Buch schreibe.

Natürlich ist es besser, so früh wie möglich mit dem Investieren anzufangen, denn je länger wir Zeit haben, desto besser kann unser Geld für uns arbeiten. Doch bevor wir uns nicht sicher sind, bevor wir nicht ein Gefühl dafür entwickelt haben, was für uns und unser Geld der richtige Weg ist, hat es in meinen Augen keinen Sinn, große Summen zu investieren.

Dann lieber ein Jahr länger abwarten und sich mit seinem Geld und seinen Wertvorstellungen vertraut machen, als das Geld überstürzt in etwas zu stecken, bei dem wir uns nicht gut fühlen.

Neugierde

Wenn es ein Wort gibt, das beschreibt, was mich im Leben antreibt, dann ist es Neugierde. Ich bin der schon erwähnte Forscher, der etwas beobachtet, um daraus neue Erkenntnisse zu gewinnen – was ja die Bedeutung von experimentieren ist. Anstatt dir also zu sagen, dass du sparen musst, dreh den Spieß doch einmal um und frage dich: »Wie kann ich das, was ich heute (diese Woche / diesen Monat / dieses Jahr) erreichen will, so angehen, dass ich möglichst wenig Geld dafür ausgebe?«

Du weißt inzwischen ja, dass alles, was wir tun, dazu dient, etwas zu fühlen. Also nutze die Neugierde, um herauszufinden, was genau du fühlen willst, und setze sie danach noch mal ein, um neue Wege zu diesem Gefühl zu finden. Wenn du mit deinen Kindern in den Freizeitpark möchtest, was ist das darunterliegende Gefühl, das du dir von diesem Besuch erhoffst? Spaß mit deinen Kindern zu haben? Einen Tag dem Alltag zu entfliehen? Dich mal wieder unbeschwert zu fühlen?

Sobald du das Gefühl kennst, das du haben möchtest, überlege, auf welche Weise du es erreichst, ohne viel Geld, zum Beispiel für den Freizeitpark, auszugeben. Kannst du eine Schnitzeljagd mit deinen Kindern veranstalten, auf der sie Kleinigkeiten finden? Wie wäre es, anstatt ins Kino zu gehen, ein Lagerfeuer im Garten zu machen, Würstchen zu grillen und sich Gruselkassetten anzuhören? (Okay, Kassetten wohl eher nicht, aber du verstehst, was ich meine.)

Oder ein ganz anderes Beispiel: Ich mag es gern warm und kuschlig. Nun sind die wenigsten Häuser in Spanien mit einer Zentralheizung ausgestattet, sodass es im Winter empfindlich kühl werden kann. Wie gut, dass ich meine Wärmflasche wiederentdeckt habe! Ich zahle meinen Strom monatlich nach Verbrauch, was interessant ist, denn so habe ich auf einmal das Gefühl, ihn wesentlich besser kontrollieren zu können. Anstatt mir nun also jeden Abend die staubig warme Luft aus der Klimaanlage um die Nase wehen zu lassen und viel Geld dafür zu bezahlen, mache ich mir oft einfach eine Wärmflasche und kuschele mich damit beim Fernsehen unter die Decke auf der Couch. Ich hatte ganz vergessen, wie gemütlich das ist. Und es kostet fast nichts.

> **SEI NEUGIERIG, SEI OFFEN, PROBIERE NEUES AUS – EXPERIMENTIERE!**

7.2.3
Geldflüsse lenken

Bevor ich meinen Klienten irgendeine Übung empfehle, probiere ich sie immer vorher selbst aus. Nur wenn sie bei mir klappt, gebe ich sie weiter. Und wenn sie bei vielen meiner Klienten klappt, kommt sie in dieses Buch.

So wie diese Übung zu einem neuen Umgang mit Geld: Geldflüsse lenken.

Ich könnte natürlich einfach so Strom in meine Wohnung legen und hoffen, dass irgendeines meiner elektrischen Geräte anspringt. Oder ich kann den Strom durch Kabel führen, die ich mit Lampe, Fernseher, Laptop verbinde, und so sicherstellen, dass sie funktionieren.

Meiner Erfahrung nach ist es mit dem Geld genauso: Es fließt einfach besser, wenn es eine vorgegebene Richtung hat. Je genauer wir wissen, wofür wir wie viel Geld haben möchten, desto leichter fließt es in diese Ziele hinein. Einfach nur Geld zurückzulegen »für was auch immer« funktioniert bei den meisten meiner Klienten nicht. Aber in dem Moment, wo sie sich trauen festzulegen, dass sie 1300 Euro für den Urlaub nach Kreta, 1800 Euro für die Fortbildung und 500 Euro für einen neuen Fernseher haben möchten, klappt es.

Und da wir ja beim Thema Experimentieren sind, können wir noch einen Schritt weiter gehen: Wir legen nicht nur fest, wohin unser Geld fließen soll, sondern auch, aus welcher Quelle es dorthin fließt.

Du erinnerst dich an das Beispiel meiner Klientin mit dem Zehneuroschein? Ihr Gehalt hat für ihre normalen Ausgaben gereicht, aber nicht für Urlaube. Also hat sie das Experiment gestartet und gesagt: »Das Geld, das ich mit den Halsbändern verdiene (Quelle), geht auf ein Extrakonto für den nächsten Urlaub (Ziel).«

Ein anderes Beispiel ist, wie oben schon angesprochen, mein Aufenthalt in Spanien. Mein Grundeinkommen war durch meine Aufträge als Übersetzerin und meine Arbeit als Coach gedeckt, also habe ich gesagt: »Alles, was ich mit Workshops (Quelle) zusätzlich verdiene, fließt auf das Spanien-Konto (Ziel).« Das motiviert uns außerdem, noch ein wenig mehr Energie in die Aktivitäten zu stecken, mit denen wir das »besondere Geld« verdienen.

Wenn wir das tun, bemerken wir bald einen sehr interessanten Effekt: Aus der Quelle, die wir bestimmt haben, fließt auf einmal mehr und mehr Geld in die Richtung unseres Ziels. Meine Klientin hat schon jahrelang ihre Halsbänder verkauft und trotzdem keinen Urlaub machen können. Nachdem sie Quelle und Ziel benannt hatte, schossen ihre Verdienste in die Höhe, weil sie auf einmal sehr daran interessiert war, mit ihren Halsbändern etwas zu verdienen, um endlich in den Urlaub zu fahren.

Meine Entscheidung »Quelle = Workshop und Ziel = Spanien« fiel, nachdem ich den allerersten Workshop gegeben hatte. Ich hatte keine Ahnung, wie das Thema ankommen würde, ob es über den geplanten zweiten Workshop hinaus noch Interesse an weiteren gäbe. Doch nachdem ich die Entscheidung getroffen hatte, das Geld daraus in meine Spanienreise zu investieren, wurde ich auf einmal von Workshopanfragen aus ganz Europa überrannt. Es kommt einem wirklich so vor, als warte die Energie »Geld« nur darauf, dass wir ihr den einfachsten, geradesten Weg zeigen, damit sie schneller fließen kann.

Probiere es doch mal aus. Selbst wenn du keinen Nebenjob hast, kannst du zum Beispiel alles Kleingeld am Ende jeden Tages oder jeder Woche in einem Extragefäß sammeln, das vielleicht für den nächsten Urlaub bestimmt ist. Du wirst dich wundern, was da im Laufe eines Jahres zusammenkommt, ohne dass du es bemerkst. Mein Mann und ich haben das in unserer gemeinsamen Zeit jahrelang gemacht, und jedes Jahr haben wir zwischen 800 und 1500 Euro gesammelt, ohne dass uns während des Jahres irgendetwas gefehlt hätte.

7.3

WIE VIELE KONTEN
BRAUCHT DER MENSCH?

Wenn wir anfangen, uns intensiver mit unserem Geld zu beschäftigen, kommt unweigerlich die Frage auf, die mir früher oder später beinahe jeder Klient stellt: »Sag mal, Ivonne, wie viele Konten brauche ich eigentlich?« Und meine Antwort darauf ist immer ein klares: »Das kommt ganz darauf an.«

Ich bin der Meinung, wenn das Thema Geld für uns sowieso schon mit Schwierigkeiten behaftet ist, sollten wir uns den Umgang damit immer so einfach und unkompliziert wie möglich machen. Die eine kommt mit verschiedenen Konten gut zurecht, die andere verzettelt sich dadurch noch mehr. Probiere auch hier aus, was für dich am praktischsten ist und womit du dich am wohlsten fühlst.

Schauen wir uns als Anregung doch mal die gängigsten Modelle an und gucken, welche Vor- und Nachteile sie haben.

Kleiner Tipp: Spüre beim Lesen schon mal in dich hinein, wie sich das jeweilige Modell für dich anfühlt. Wenn sich dein Magen zusammenzieht oder du dich überfordert fühlst, solltest du dir ein anderes Modell aussuchen.

Das 6-Konten-Modell

Dieses Modell wurde von dem kanadischen Autor T. Harv Eker entwickelt und nennt sich bei ihm »6 JARS Money Management System«. Hierbei teilt man sein komplettes Einkommen jeden Monat nach bestimmten Prozentsätzen auf sechs Konten – oder sechs »Jars«, also Einmachgläser – auf.

1. Alltagskonto: 55 %
Miete, Essen, Nebenkosten, Rechnungen
Auf dieses Konto überweist du etwas über die Hälfte deines Monatseinkommens und bezahlst davon die Miete oder das Darlehen für dein Haus, die Nebenkosten, Ausgaben für Lebensmittel, Kleidung und Versicherungen.

2. Zukünftige Investitionen: 10 %
Große Anschaffungen, Polster für schlechte Zeiten, Urlaub, unerwartete (medizinische) Ausgaben
Das Konto für alle größeren Ausgaben, die man nach dem Lesen dieses Buchs natürlich nicht mehr auf Kredit kauft. Außerdem wird auf diesem Konto Geld für Urlaube und unerwartete Ausgaben angespart.

3. Unterhaltung: 10 %
Freizeit, Familienspaß
Das Geld von diesem Konto dient ganz allein Unterhaltungszwecken: Kino, essen gehen mit Freunden, Besuche im Freizeitpark, Streaming-Dienste, Pizzaservice … Worauf immer du Lust hast, hiermit kannst du es bezahlen.

4. Weiterbildung: 10 %
Coaching, Mentoring, Bücher, Fortbildungen

Dieses Konto erklärt sich von selbst: Alles, was zu deiner privaten und beruflichen Weiterbildung zählt, geht von diesem Konto ab.

5. Finanzielle Freiheit: 10 %
Aktien, Fonds, Immobilien, Investitionen in passives Einkommen, andere Investitionen

Dieses Konto bildet die Grundlage für deine Altersvorsorge. Hier sollte relativ zügig das Doppelte bis Dreifache deiner monatlichen Ausgaben angespart werden, sodass du im Notfall so viele Monate ohne Verdienst problemlos überstehen kannst. Darauf aufbauend werden weitere Rücklagen für das Alter gebildet, zum Beispiel durch Investitionen in Aktien, Fonds, Immobilien etc., an die man erst nach einer gewissen Zeit rankommt.

6. Spenden: 5 %
Zur Unterstützung von wohltätigen Organisationen oder Einzelpersonen.

Vorteile des 6-Konten-Modells:
- Dadurch, dass wir das Geld prozentual aufteilen, kann dieses Modell mit jedem Gehalt durchgeführt werden.
- Es zwingt dazu, sich mit jedem Cent des Einkommens zu beschäftigen und ihm einen Zweck zuzuweisen, was gut zu dem vorherigen Thema »Geldflüsse lenken« passt.
- Das Modell ist bis zu einem gewissen Grad flexibel. Wenn deine fixen Kosten zum Beispiel mehr als 55 Prozent deines Einkommens betragen, kannst du das System an deine

Realität anpassen. Hierfür kannst du entweder alle anderen Prozentsätze runterschrauben oder die, die dir besonders wichtig sind (zum Beispiel finanzielle Freiheit oder Rücklagen), so lassen und nur die anderen anpassen.

- Die Idee, zehn Prozent seines Einkommens in sich zu investieren, finde ich großartig. Für mich zählen hierzu neben Fortbildungen, Coachings etc. auch Dinge wie ein Tag im Spa oder die Yogastunde bei einem Privatlehrer, weil diese Dinge mir helfen, meine Energiespeicher aufzufüllen und mich für meinen Alltag fit zu machen.

- Endlich stellt sich die Frage nicht mehr, ob man sich eine Fortbildung im Herbst leisten kann oder wie viel man für einen guten Zweck wohl spenden soll. Der Betrag auf dem jeweiligen Konto verrät uns, ob es geht beziehungsweise wie viel geht.

Nachteile des 6-Konten-Modells:

- Erst vor Kurzem kam eine Klientin zu mir, die ganz verzweifelt war, weil ihr gesagt worden war, man könne nur reich werden, wenn man das 6-Konten-Modell strikt durchzieht und seine fünf Prozent vom Einkommen spendet. Sie hatte aber zu der Zeit keine fünf Prozent von ihrem Einkommen übrig und fürchtete nun, für immer in ihrer Geldnot festzuhängen.

- Ich finde solche Dogmen immer schwierig. Natürlich ist es schön, wenn man etwas spenden kann, und ich glaube auch, dass es positive Auswirkungen auf die Fülle unseres Lebens hat. Meiner Meinung nach muss es jedoch nicht unbedingt Geld sein. Ich habe im vorherigen Kapitel meine Theorie vorgestellt, dass Geld nur eine von mehreren Energieformen ist, die uns am Leben halten. In diesem

Sinne kann ich genauso gut meine Zeit, mein Wissen oder etwas aus meinem Besitz spenden.

7.3.2
Das 5-Konten-Modell

Wem sechs Konten zu viel sind, der kommt womöglich mit fünf Konten besser klar.

Das Prinzip ist ähnlich wie beim 6-Konten-Modell: Wir teilen unser Geld auf fünf verschiedene Konten auf, die jeweils einen bestimmten Zweck erfüllen. Wie viel von unserem Geld auf welches Konto fließt, dürfen wir selbst bestimmen, es gibt keine vorgegebenen Prozentsätze.

1. Das Konto für den Alltag
Dies ist unser normales Girokonto, auf das unser Gehalt/Honorar eingeht und von dem wir Miete, Nebenkosten, Lebensmittel, Versicherungen etc. bezahlen.

2. Das Wünschekonto
Alle deine Wünsche und Träume sollen von diesem Konto erfüllt werden. Hierzu musst du natürlich wissen, was du willst und wie viel es kostet. Dann kannst du dir den Prozentsatz ausrechnen, der jeden Monat hierhin fließen muss, damit du dir diese Wünsche und Träume zum gewünschten Zeitpunkt erfüllen kannst.

3. Das Notfallkonto
Wie der Name schon sagt, dient das Geld auf diesem Konto für Notfälle. Das Auto ist kaputt, die Waschmaschine muss

ersetzt werden, oder du musst einen Zuschuss für eine ärztliche Behandlung leisten.

4. Das Vorsorgekonto

Dies ist das Konto für die Altersvorsorge. Im Zweifel handelt es sich nicht um ein normales Konto, sondern um ein Depot, in dem du deine Aktien oder ETFs verwaltest.

5. Der Notgroschen

Für dieses Konto nutzt man am besten ein Tagesgeldkonto, an das man nicht so einfach drankommt. Hier wird eine Summe angespart, die mindestens so hoch ist, dass du drei Monate lang deine Ausgaben damit begleichen kannst, solltest du mal kein Einkommen haben. Es ist ein Konto, das du hoffentlich niemals anrühren musst.

Vorteile des 5-Konten-Modells:
- Wir nutzen unser Gehaltskonto als Grundkonto und überweisen somit nur noch an vier weitere Konten.
- Alle wichtigen Aspekte wie »Altersvorsorge« und »kein Einkommen« sind abgedeckt.

Nachteile des 5-Konten-Modells:
- Zwei »Not«-Konten finde ich zu viel, da würde ich durcheinanderkommen. (Und außerdem das Wort »Not«, dazu weiter unten mehr.)

Das 3-Konten-Modell

Wie, einfach noch mal zwei Konten weglassen und es 3-Konten-Modell nennen?

Nein, dieses Modell ist für Paare gedacht. Denn denen stellt sich oft die Frage, wie sie das mit ihren Finanzen regeln sollen. Ein gemeinsames Konto? Zwei getrennte Konten? Beides?

Beides.

Das 3-Konten-Modell kann man auf zwei Arten aufsetzen.

Erste Möglichkeit: Jeder hat sein eigenes Konto, dazu gibt es ein Gemeinschaftskonto, auf das jeder monatlich einen festen Betrag oder einen bestimmten Prozentsatz seines Gehalts überweist. Ein fester Betrag empfiehlt sich, wenn beide Partner mehr oder weniger gleich viel verdienen. Ansonsten ist eine prozentuale Beteiligung, die den Unterschied der Gehälter widerspiegelt, vorteilhafter. Wenn einer 2 000 Euro verdient, der andere 3 000 Euro, zahlt der eine also 40 Prozent und der andere 60 Prozent der vereinbarten Summe auf das Konto ein. Von diesem Gemeinschaftskonto werden dann die gemeinsamen Ausgaben für Miete, Nebenkosten, Versicherungen, Lebensmittel und so weiter bezahlt. Man kann auch verabreden, dass auf diesem Konto gemeinsam für den Urlaub oder größere Anschaffungen gespart wird. Wichtig ist: Das Geld von diesem Konto ist für beide Partner.

Dazu hat jeder ein eigenes Konto, auf das sein Gehalt geht und mit dem er, sobald die Gemeinschaftskosten überwiesen sind, machen kann, was er oder sie will. Keine Diskussionen, warum er den teuren Grill gekauft hat oder sie schon wieder beim Friseur war.

Zweite Möglichkeit: Alle Einnahmen gehen auf ein Gemeinschaftskonto, von dem die alltäglichen Kosten bezahlt werden. Vom Rest wird jeden Monat ein fixer Betrag auf die Einzelkonten der Partner überwiesen, mit dem wieder jeder machen kann, was er will. Diese Variante bietet sich an, wenn nur einer der Partner ein Einkommen hat, weil der andere zum Beispiel in Elternzeit ist. So wird das Problem aus dem Beispiel weiter vorne mit der Familienenergie gelöst, denn der sich um die Kinder kümmernde Partner hat so eigenes Geld zur Verfügung und kein schlechtes Gewissen mehr.

7.3.4
Meine individuelle Mischung

Ich habe folgende Konten:

Das Girokonto
Hier gehen alle meine privaten und geschäftlichen Einnahmen ein und Ausgaben ab. Wenn du selbstständig bist und Schwierigkeiten hast, deine privaten und geschäftlichen Ausgaben zu trennen, kann es sinnvoll sein, dir ein Unterkonto einzurichten, auf das du dir jeden Monat ein Gehalt für deine persönlichen Ausgaben überweist.

Das Steuerkonto
Dieses Konto ist für Selbstständige und Freiberufler unbedingt empfehlenswert. Wie ich weiter vorne schon geschrieben habe, gehört ein Teil deines Einkommens ja nicht dir, sondern du darfst es nur aufbewahren, bis das Finanzamt es benötigt. Je länger der Zeitraum zwischen deinen Einkom-

mensvorauszahlungen ist (das reicht von einmal im Monat über jedes Quartal bis zu einmal im Jahr), desto schwieriger ist es, im Hinterkopf zu behalten, wie viel von dem Geld auf deinem Konto gar nicht dir, sondern dem Staat gehört. Deshalb überweise ich jedes Mal, wenn eine meiner Rechnungen bezahlt wurde, den Steueranteil auf dieses Konto. Dieses Geld überweise ich mir in dem Moment, in dem die Einkommensteuervorauszahlung fällig wird, zurück auf mein Girokonto, von wo aus es dann ans Finanzamt geht. Mein Steuerkonto ist ein Tagesgeldkonto, auf das ich nur Zugriff habe, indem ich mir Geld auf mein Girokonto überweise.

Das Investitionskonto

Ich habe nur ein Konto für alle Investitionen, die anfallen können: Urlaube, Fortbildungen, Reparaturen an Haus und Auto, neuer Computer oder Fernseher, neue Möbel. Dazu führe ich eine Excel-Tabelle, in der ich mir notiere, wie viel von dem Geld für welchen Zweck gedacht ist. Alternativ kannst du bei der Überweisung im Betreff ein Stichwort angeben. So kannst du jederzeit in den Kontoauszügen nachschauen, wie viel von dem Geld für Urlaub, Reparaturen etc. vorgesehen ist.

Wenn du so richtig auf Tuchfühlung mit deinen Investitionen gehen willst, dann leg dir ein hübsches Notizbuch an, in dem du deine Wünsche und Ziele nicht nur notierst, sondern auch – ähnlich einem Vision Board – mit Bildern, Collagen und Anmerkungen versiehst, die diesen Wunsch für dich noch greif- und sichtbarer machen. Ein Foto und Rezensionen über den Fernseher, den du gerne hättest. Restaurant- und Ausflugstipps für den Urlaub, auf den du sparst. Informationen über die Fortbildung, die du machen möchtest. Bilder von all den Dingen, die du als Rentnerin mit dem Geld aus deinen Investitionen erleben willst ... Mach es so bunt und lebendig wie nur möglich. Umso schneller wirst du dein Ziel erreichen.

Das »Ich habe kein Einkommen«-Konto

Hier liegt das Geld, das ich benötige, um drei Monate meine normalen Ausgaben begleichen zu können, sollte ich mal aus irgendeinem Grund über eine gewisse Zeit kein Einkommen haben. Mögliche Gründe dafür können sein: Ich mache Urlaub und arbeite in der Zeit nicht. Ich werde krank und arbeite nicht. Ein Kunde zahlt zu spät, ich habe eine Auftragslücke oder verliere meinen Job.

Sollte einer dieser Fälle eintreten und ich muss an dieses Geld ran, wird das Konto, sobald die Situation sich normalisiert hat, schnellstmöglich wieder auf den Ursprungsbetrag aufgestockt. Dies hat Vorrang vor allen anderen Sparzielen.

Das Interessante an diesem Konto ist: Seit ich es habe, musste ich es noch kein einziges Mal anrühren. Früher hatte ich öfter Probleme damit, dass ein Kunde sehr spät gezahlt hat oder dass ich im Urlaub oder bei Krankheit trotzdem arbeiten musste, weil das Geld auf meinem Girokonto sonst nicht gereicht hätte. Doch seit ich dieses »Ich habe kein Einkommen«-Konto habe, ist nichts davon jemals wieder vorgekommen. Und meine Klienten, die es auch ausprobiert haben, berichten das Gleiche. Ich gehe also davon aus, dass ich irgendwann auf dem Sterbebett jemandem zuhauche: »Da ist noch ein Konto, von dem niemand etwas weiß.«

Das Spendenkonto

Ich gebe gerne Geld für einen guten Zweck oder für etwas, das mir sinnvoll erscheint. Doch oft hatte ich Zweifel, wie viel denn angemessen ist – und habe dann entweder gar nichts gegeben oder mehr, als ich mir in dem Moment leisten konnte. Man will ja nicht knausrig wirken. Deshalb hatte ich für eine gewisse Zeit ein Spendenkonto. Wenn ich über eine gute Sache gestolpert bin, musste ich nur auf das Konto gucken und wusste, wie viel ich geben konnte. Nach einem guten halben Jahr hatte ich ein entsprechendes Gefühl dafür entwickelt, wie ich mit Spenden umgehen möchte, sodass ich das Konto wieder aufgelöst habe.

Vielleicht ist dir aufgefallen, dass meine Konten alle sehr spezifisch benannt sind. Girokonto (vom italienischen »giro« = Kreis oder Umlauf, was für meine Zwecke super passt), Steuerkonto, Investitionskonto und »Ich habe keine Einnahmen«-Konto. Ich weiß also immer ganz genau, für welche Situation welches Geld gedacht ist.

Warum das so wichtig ist? Dazu ein Beispiel.

Andrea war aus gesundheitlichen Gründen für anderthalb Jahre arbeitsunfähig. In dieser Zeit bekam sie natürlich nicht ihr volles Gehalt, und als wir uns kennenlernten, machte sie sich Sorgen, ob sie alle ihre Ausgaben weiterhin würde bestreiten können.

Nachdem wir über ihre Ausgaben, ihre Einstellung zum Geld und ihre Wünsche an die Zukunft gesprochen hatten, sagte sie in der zweiten Stunde, dass sie es bedauere, keine Rücklagen für diesen Fall gebildet zu haben. Aber sie hatte einen sicheren Job und hätte nie damit gerechnet, so krank zu werden. Ich fragte sie, ob sie denn gar nichts zurückgelegt habe.

»Doch, schon. Ich habe ein Notfallkonto, auf dem liegen

anderthalb Jahresgehälter. Aber an das Geld kann ich nicht rangehen. Das hier ist ja kein Notfall.«

Ganz genau so wie du jetzt habe ich auch geguckt.

Andrea hatte anderthalb Jahresgehälter für Notfälle auf einem Konto liegen, fand aber, dass krank zu sein kein Notfall sei, der es rechtfertigen würde, dieses Geld im Bedarfsfall zu benutzen.

Mit der Benennung dieses Kontos hat sie sich selbst ein psychologisches Bein gestellt, denn niemand von uns will einen Notfall im Leben haben. Wenn sie ihre Krankheit als solchen betrachtet hätte, wäre diese auf einmal real und wirklich bedrohlich geworden. Doch so war sie »nur« krank, aber definitiv kein Notfall.

Als wir weiter darüber sprachen, was für sie denn ein Notfall wäre, der die Verwendung des Geldes rechtfertigen würde, musste sie gestehen, dass sie das nicht wusste. Sie hatte irgendwo gehört, dass man so ein Konto haben sollte, und hatte es eingerichtet. Aber weiter wollte sie über das Thema »Notfälle« nicht nachdenken.

Was haben wir also gemacht? Wir haben das Notfallkonto aufgelöst – natürlich nur im übertragenen Sinne – und die Summe verschiedenen Zwecken zugewiesen. Da gab es jetzt den Teil »Ich habe kein oder zu wenig Einkommen«, den Teil »Ich kann nicht mehr in meinem Haus wohnen und muss mir etwas Neues suchen« und den Teil »Ich investiere in meine Alterssicherung«.

Seitdem ist es egal, ob sie kein oder weniger Einkommen hat, weil sie krank ist, Elternzeit nimmt, wegen eines Jobwechsels arbeitslos wird … Sie weiß, dieser Teil des Geldes auf dem Konto ist genau für diese Situation gedacht. Auch für den Fall, dass ihr Haus überflutet wird, abbrennt oder von

Schimmel befallen wird, dass sie umziehen will, weil sie eine Familie gründen möchte oder einen Job in einer anderen Stadt findet – es gibt einen ausgewiesenen Teil ihres Geldes für den Fall, dass sie nicht mehr in ihrem Haus wohnen kann. Diese beiden Themen entsprachen ihren größten Ängsten, und nun konnte sie jederzeit sehen, dass für den Fall der Fälle ausreichend Geld vorhanden war.

Ein anderer Fall war Vinzent, der eigentlich sehr zufrieden und erfolgreich mit dem 6-Konten-Modell lebte, aber mit einer Sache immer wieder Probleme bekam: mit dem Spaßkonto, wie er es genannt hatte.

Das Geld darauf diente dazu, Spaß zu haben. Was eine ganz schön große Prämisse ist, wie wir gleich sehen werden.

Vinzent wollte eines Abends Spaß haben und kam auf die Idee, ins Kasino zu gehen und 500 Euro von seinem Spaßkonto »einfach mal auf den Kopf zu hauen«. Genauer gesagt hatte er vor, mit 500 Euro ins Kasino reinzugehen und mit 0,00 Euro wieder rauszukommen.

Gesagt, getan. Oder besser: versucht. Denn Vinzent gewann ständig. Egal, was er spielte, wie er setzte ... Sein Geld wurde nicht weniger, sondern mehr.

»Irgendwann hatte ich so schlechte Laune, dass ich nach Hause gefahren bin. Ich meine, der Spaß sollte darin bestehen, das Geld loszuwerden, nicht darin, es zu vermehren. Der Taxifahrer hat das Trinkgeld seines Lebens von mir bekommen.«

Da das Geld von seinem Spaßkonto kam, wollte er auch Spaß haben. Den hatte er aber nicht, deshalb hat er die gesamten Einnahmen mit minus sieben im Gefühlshaushaltsbuch eingetragen.

Etwas Ähnliches passierte einer anderen Klientin, die ebenfalls ein Spaßkonto hatte. Mit dem Geld davon ist sie zu einer Mondscheinfriseurin gefahren.

»Ich dachte, das ist so verrückt, das bringt bestimmt Spaß.« Doch das ganze Erlebnis war eher unterdurchschnittlich spannend. »Und dann habe ich mich zum Schluss noch überreden lassen, eine Bürste mit Wildschweinborsten zu kaufen – dabei bin ich Veganerin.«

Wenigstens hatten wir so etwas zu lachen.

Doch was beiden Erlebnissen zugrunde liegt, ist, dass durch die Benennung des Kontos die Erwartung entsteht, mit dem Geld Spaß zu haben. Spaß ist aber etwas, das wir weder garantieren noch kaufen können. Ja, ins Kino zu gehen bringt eigentlich Spaß, aber wenn vor mir jemand sitzt, der so groß ist, dass ich nichts sehen kann, oder wenn mir der Film nicht gefällt, bringt es nun mal keinen Spaß.

Diese Erklärung leuchtete den beiden ein, und obwohl sie einander nicht kannten, haben sie sich beide für den gleichen neuen Namen für dieses Konto entschieden: »Erlebnisse«.

Dieser Name gefällt mir sehr gut. Erlebnisse sind genauso offen wie Experimente. Ich erlebe etwas, und währenddessen merke ich, ob es mir gefällt oder nicht und ob ich es wiederholen möchte oder nicht. Aber ich habe vorher nicht die Erwartung, dass es lustig oder interessant oder aufregend ist. Vielleicht ist es langweilig, »unter«wältigend, dröge. Aber ich habe etwas erlebt. Und somit wird sich meine Ausgabe wesentlich besser anfühlen, als wenn ich sie mit »Spaßgeld« bezahlt hätte.

Egal, ob du dein Geld auf Konten, Einmachgläser oder Briefumschläge aufteilst: Experimentiere mit den Bezeichnungen. Finde einen Namen, der den Zweck des Geldes perfekt beschreibt (Steuerkonto, »Keine Einnahmen«-Konto) oder in dem keine Erwartungen mitschwingen (Erlebnisse, Erfahrungen, Experimente).

Budgeterstellung

Apropos Briefumschläge – das bringt mich zum Thema Budgeterstellung. Ja, auch das zählt zu den handfesten Experimenten mit Geld. Denn ebenso wie ein Experiment fängt auch die Erstellung eines Budgets mit einer Versuchsanordnung an, die über Wochen, manchmal Monate immer wieder angepasst wird.

Ein Budget zu erstellen bedeutet, unser Geld bestimmten Budgetposten zuzuteilen. Das können wir entweder prozentual von unserem Einkommen tun, das wäre dann ein vollständiges Budget, bei dem jeder einzelne Cent, den wir einnehmen, einem bestimmten Posten zugeteilt wird. Oder wir können es postenabhängig tun, wie ich es in Ermangelung einer griffigeren Bezeichnung nenne.

Wenn man sich einmal die Mühe gemacht hat, ein prozentuales Budget aufzustellen, ist es ein großartiges Werkzeug, weil es wirklich keinen einzigen Cent gibt, von dem man nicht genau weiß, wofür er gedacht ist. Es gibt im Internet viele Vorlagen, um so ein Budget zu erstellen, falls du es probieren möchtest. Für mich ist es jedoch zu detailliert und zeitaufwendig, weil meine Einnahmen jeden Monat schwanken und ich meist nicht im Vorhinein weiß, wie viel Geld ich verdienen werde. Deshalb arbeite ich mit einem vereinfachten

Budget, und ich habe festgestellt, dass die meisten meiner Klienten damit auch besser zurechtkommen – und genauso gute Ergebnisse erzielen.

Wenn du das Gefühlshaushaltsbuch schon ein paar Wochen geführt hast, solltest du jetzt eine ziemlich gute Übersicht über deine Ausgaben und Einnahmen haben. Das ist die Grundlage: Einnahmen minus Fixkosten = Rest für die Erstellung eines Budgets.

Diesen Rest verteilst du jetzt auf die Posten, die du gerne budgetieren möchtest. Werde dabei nicht zu detailliert, weil du dann nicht vorankommst. Eine Klientin von mir hatte am Anfang etwas über zwanzig verschiedene Posten, sodass in einige davon nur 50 Cent oder ein Euro flossen, was alles viel zu kompliziert gemacht hat. Am besten entscheidest du dich für drei bis fünf Überbegriffe, zum Beispiel

- Lebensmittel und Getränke
- Haushalt und Kosmetik
- Freizeit
- Investitionen
- Rücklagen für unerwartete Ausgaben.

Zu diesen Kategorien kannst du dir dann notieren, was genau für dich dazugehört. Ist der Friseurbesuch »Haushalt und Kosmetik«, »Freizeit« oder »Investition« in dich? Läuft essen gehen unter »Lebensmittel« oder unter »Freizeit«? Sind Geschenke »Freizeit« oder »Investitionen«? Vielleicht findest du auch ganz andere Kategorien, wenn du deine Ausgaben durchgehst und gruppierst.

Für den Anfang empfehle ich, das Budget immer für den nächsten Monat zu erstellen. Die Summe, die du den einzelnen Posten zugeordnet hast, teilst du dann durch vier – für die vier Wochen eines Monats – und versuchst, mit diesem Geld in der Woche auszukommen.

Tina ist eine wohlhabende Klientin von mir, die zu mir kam, weil sie trotz ausreichenden Vermögens immer die Angst hatte, nicht genügend Geld zu haben. Die Arbeit mit Budgets hat ihr geholfen, diese Angst zu überwinden, weil sie so sehen konnte, dass immer ausreichend Geld vorhanden war. Sie hat am Anfang jeder Woche die Gesamtsumme für ihre Budgets am Geldautomaten geholt und dann auf die verschiedenen Posten verteilt, indem sie das Bargeld mit ihrer kleinen Tochter zusammen in entsprechend beschriftete Umschläge gesteckt hat. (Was übrigens eine fantastische Art ist, seinem Kind einen bewussten und guten Umgang mit Geld beizubringen.) Wenn sie in den Supermarkt gegangen ist, hat sie das Geld aus dem entsprechenden Umschlag genommen und damit bezahlt. Blieb was übrig, kam es wieder in den Umschlag zurück. Hat sie auf dem Weg zum Beispiel noch Blumen gekauft, die in das Budget »Freizeit« gehörten, hat sie zu Hause den Betrag aus dem Umschlag »Freizeit« genommen und in den »Lebensmittel«-Umschlag gesteckt.

Wenn ein Umschlag leer ist, kann normalerweise für den Rest der Woche aus diesem Budget nichts mehr bezahlt werden. Gerade bei Lebensmitteln ist das natürlich schwer. Vielleicht bist du jemand, der alle vierzehn Tage einen Großeinkauf tätigt und dazwischen nur frische Kleinigkeiten zukauft – dann musst du deine Budgetverwaltung natürlich entsprechend anpassen. Oder du hast eine Woche erwischt, in der deine Kollegin ihren Abschied feiert, du mit der alten Studienfreundin zum Essen verabredet bist und deine Mutter Geburtstag hat – das übersteigt das »Freizeit und Geschenke«-Budget vermutlich, dafür hast du aber vielleicht in den nächsten drei Wochen gar keine Ausgaben in dieser Richtung geplant.

Deshalb bleib am Anfang flexibel. Du kannst nicht von vornherein wissen, wie das perfekte Budget für dich aussieht. Aber du kannst es nach und nach anpassen. Schau am Ende des ersten Monats, wie du mit den einzelnen Posten hingekommen bist, und justiere nach. Für welches Budget brauchst du im Monat mehr Geld als gedacht? Und aus welchem Budget kannst du es transferieren?

Vergiss nicht: Wenn du von einem anderen Posten etwas leihen musst, zahl es immer zurück. Und wenn du dir von einem zukünftigen Budget etwas leihen musst, denk daran, diesen geliehenen Betrag im nächsten Monat von dem entsprechenden Posten abzuziehen.

Aber noch wichtiger ist: Vergiss nicht, dich von Neugierde leiten zu lassen und Spaß dabei zu haben!

7.4

DAS GROSSE
MANIFESTATIONSEXPERIMENT

Nachdem wir jetzt so viel über handfeste Experimente mit dem Geld geredet haben, kommen wir jetzt endlich zu dem großen Manifestationsexperiment, das ich dir am Anfang des Kapitels versprochen habe.

Ich habe es drei Mal mit komplett unterschiedlichen Ergebnissen durchgeführt, die ich dir hier schildern möchte, damit du verstehst, was da passiert ist.

Angefangen hat es damit, dass in einem Forum für Coaches, in dem ich Mitglied bin, jemand auf folgende Übung gestoßen ist, die dabei helfen soll, den Spaß am Geld zurückzugewinnen (das ist auch das Experiment):

> Stell dir spontan eine bestimmte Summe Geld vor, die du bis zu einem bestimmten Datum zusätzlich zu dem, was du normalerweise verdienst, erhältst, um sie dann für etwas auszugeben, das dir Spaß macht. Zum Beispiel: »Ich will bis Ende nächster Woche 250 Euro zusätzlich haben, um ein Wochenende nach London zu fahren.« Und dann genieße einen Moment das glückliche Gefühl, dieses Ziel bereits erreicht zu haben.

Die Betonung an dieser Übung liegt auf: »eine *bestimmte* Summe *zusätzlich* zu dem normalen Verdienst zu einem *bestimmten* Datum«.

Mal ehrlich, wie soll das gehen?

Meine Coachingfreunde und ich fanden diese Übung so unglaublich albern, dass wir beschlossen haben, sie auf der Stelle zu machen. (Raus aus der Komfortzone, sage ich nur.)

Es war damals Anfang Dezember, und mein Wunsch sah wie folgt aus: »Ich möchte bis Ende Dezember 1000 Euro extra haben, um das Yogawochenende Ende März bezahlen zu können.«

Keine fünf Sekunden später sah es in meinem Kopf so aus: *Äh, 1000 Euro sind doch viel zu viel, so teuer ist das Wochenende gar nicht. Ich kann mir doch nicht mehr wünschen, als ich brauche ... Hm, warte mal, der Yogakurs kostet 120 Euro, das Hotel ... weiß ich gar nicht ... also vielleicht sollte ich lieber 600 Euro sagen? Und überhaupt, ab Mitte Dezember liegt das Land doch sowieso im Weihnachtsschlaf, wo soll denn da Geld herkommen?*

Was soll ich sagen? Ende Dezember hatte ich genau 120 Euro mehr, mit denen ich nicht gerechnet hatte, aber das war's. Ich wusste doch gleich, dass diese Übung Blödsinn war!

Ein paar Monate später erfuhr ich, dass eine größere Zahlung ans Finanzamt fällig wird. Ich wusste aber nicht, ob ich genügend Geld zur Seite gelegt hatte, um diese Forderung zu begleichen, weil deren Höhe mir noch nicht bekannt war. Zunächst wollte ich in meine übliche Panik verfallen, doch dann fiel mir dieses Experiment wieder ein. Ich dachte: *Probiere ich es noch mal aus. Das Schlimmste, was passieren kann, ist, dass es nicht klappt. Und dann stehe ich genauso gut oder schlecht da wie jetzt.*

Dieses Mal war es Anfang März, und mein Wunsch lautete wie folgt: »Ich möchte bis Ende Mai gerne 10000 Euro extra haben, die ich auf mein Tagesgeldkonto legen kann, damit ich die Steuerforderung auf jeden Fall bezahlen kann.« Der oben erwähnte Spaßfaktor war hier, dass mein Alltag wesentlich entspannter wäre, wenn ich dieses Geld auf meinem Konto hätte.

Das Lustige war: Diese Summe war für mich lächerlich hoch, eigentlich unerreichbar. Sie entsprach beinahe vier Monatsgehältern, und die wollte ich innerhalb von zweieinhalb Monaten ZUSÄTZLICH einnehmen, wodurch auch immer. Aber gerade weil es so absurd war, fiel es mir wesentlich leichter, loszulassen und neugierig zu bleiben, was wohl passieren würde. Ich war es im Alltag nicht gewohnt, mit diesen Summen zu hantieren, und deshalb hatte ich keinerlei Argumente, warum es nicht klappen sollte, und keine Vorstellungen, wie sich dieser Wunsch wohl umsetzen lassen könnte. Es war einfach so weit außerhalb meiner normalen Denkmuster, dass ich nicht mal wusste, wie ich mir selbst widersprechen sollte.

Am nächsten Tag gingen 500 Euro von meiner Krankenkasse auf meinem Konto ein, von denen ich nicht gewusst hatte, dass sie mir zustanden. Dann wurde mir eine Notfallübersetzung angeboten, weil eine Übersetzerin erkrankt war. Eine entfernte Bekannte aus der Schweiz bat mich, einen Vertrag zu übersetzen. Ein Kollege, mit dem ich noch nie zusammengearbeitet hatte, bot mir zwei Lektoratsjobs an. Ein Kunde meldete sich, um zwei Sitzungen zum Thema Zeitmanagement zu buchen (die ich gar nicht in meinem offiziellen Angebot habe).

Mitte April, also sechs Wochen nach Beginn des Experiments, hatte ich folgende Summe zusätzlich auf meinem Konto: 6 820 Euro

Ich dachte nur: *Cool, selbst wenn es dabei bleibt, erkläre ich das Experiment für gelungen.*

Und dann fiel mir ein, dass da draußen noch mehr Geld ist,

das eigentlich mir gehört. Als Übersetzerin steht einem ein kleiner Prozentsatz an den Erlösen der übersetzten Bücher zu. Das ist nicht viel, aber da inzwischen über dreißig Bücher von mir veröffentlicht waren, dachte ich, dass sich diese Prozente mit ein wenig Glück auf ein paar Hundert Euro summiert haben könnten.

Bisher hatte ich mich nie wirklich getraut, bei den Verlagen nachzufragen, wann ich denn diese Lizenzgebühren wohl bekomme, doch jetzt, Ende April, steckte ich mitten in den Vorbereitungen zu dem Vortrag, der Grundlage dieses Buchs ist, und ich wusste: Wenn ich meine Botschaft über die sechs Säulen einer guten Beziehung zum Geld in die Welt tragen möchte, kann ich nicht einfach nur darüber reden, sondern ich muss sie leben. Wenn ich meine Beziehung zum Geld ein für alle Mal heilen will, muss ich genau die Punkte angehen, die wir angesprochen haben:

- Ich muss Respekt für mich und meine Arbeit zeigen.
- Ich muss den Gefühlen, die bei dem Gedanken, einzufordern, was mir zusteht, in mir aufsteigen, Raum geben, ohne mich in ihre Geschichte (»Die werden nie wieder mit mir arbeiten!«, »Das lohnt sich für die paar Euro nicht!«, »Kein anderer Verlag wird mich jemals beauftragen!«) hineinziehen zu lassen.
- Ich muss die Liebe für mich, meine Arbeit und mein Geld schützen.
- Ich muss auf mein Geld achten, ihm die Aufmerksamkeit schenken, die es verdient – was ich nicht kann, wenn es irgendwo auf einem Firmenkonto liegt.
- Ich muss mit meinem Auftraggeber, mir und meinem Geld auf Tuchfühlung gehen und das Thema von Angesicht zu Angesicht ansprechen.

Außerdem wollte ich sehen, was aus meinem Experiment wird. Immerhin konnte ja noch ein bisschen Geld dazukommen.

Also bin ich mit zittrigen Knien in den Verlag und habe die Verantwortlichen darauf angesprochen. Und sie haben mir, ohne zu zögern, versprochen, dass sie mir die Abrechnung innerhalb von zwei Wochen zuschicken werden. Was sie auch getan haben. Die ganze Aufregung war also umsonst gewesen.

Wie gesagt, ich hatte mit ein paar Hundert Euro gerechnet und gedacht, wenn es 1000 Euro sind, mache ich eine Flasche Champagner auf.

Als die Abrechnung in meinem Postfach landete, habe ich die anhängende PDF-Datei geöffnet, angeschaut und wieder zugemacht.

Um sie dann ganz vorsichtig noch mal aufzumachen.

Die Zahl war unverändert.

7089,86 Euro.

Für diese Summe hatte ich alle meine inneren Barrieren und Ängste überwunden. Und ich würde sagen, es hat sich gelohnt.

Das Experiment, 10000 Euro innerhalb von zweieinhalb Monaten zusätzlich einzunehmen, endete genau am 29. Mai mit folgender Summe auf meinem Extrakonto:

13909,86 Euro.

Das Ergebnis hat mir definitiv gefallen.

Aber was war hier passiert? Und wieso hatte es beim ersten Mal nicht geklappt?

Ganz genau kann ich das natürlich nicht erklären. Ich weiß nur, dass ich mir beim ersten Mal mit meinen Zweifeln, meinem »Wer bin ich denn, so viel zu wollen?« selbst im Weg gestanden habe.

Beim zweiten Mal war das anders. Ich erwähnte ja, dass die Summe so absurd war, dass ich keine Gegenargumente hatte.

Habe ich das Geld jetzt durch meinen Wunsch in mein Leben geholt? Ich weiß es nicht. Vielleicht wären die Aufträge auch so gekommen. Ich weiß nur, ohne das Experiment hätte ich das Geld nicht so wahrgenommen. Es wäre einfach auf mein normales Konto geflossen, und ich hätte es in meinen Alltag integriert. Und auch wenn die Lizenzgebühren mir sowieso zugestanden haben, hätte ich ohne das Experiment nicht nachgehakt, sondern weiter darauf gewartet, dass die Verlage von sich aus auf mich zukommen.

Ob hier also nicht zu erklärende Kräfte oder einfach nur eine erhöhte Aufmerksamkeit am Werk sind, kann ich nicht sagen. Aber ich finde, das ist auch egal. Denn dieses Experiment macht uns neugierig, wachsam, offen für das, was um uns herum passiert.

Dazu möchte ich dir noch ein weiteres Erlebnis mit diesem Experiment schildern.

Ich hatte mir 6500 Euro gewünscht, um in meinem Urlaub wirklich einmal zwei Wochen nicht arbeiten zu müssen (etwas, das ich in über fünfzehn Jahren freiberuflicher Tätigkeit noch nie geschafft hatte) und mir einen neuen Schrank zu kaufen. Hier hat sich der Wunsch anders erfüllt als bei dem letzten Beispiel: Anstatt unerwartet Geld zu erhalten, bekam ich die Nachricht, dass ich einen Teil des Geldes, das ich für die Steuern zurückgelegt hatte, nicht ausgeben musste. Das

Finanzamt wollte nur die Hälfte von dem, womit ich gerechnet hatte. Und rate mal, was übrig blieb? Genau 6 500 Euro.

Vielleicht hast du jetzt auch Lust bekommen, dieses Experiment durchzuführen? Dann findest du hier noch einmal die genaue Anleitung. Und denk dran: Danach einfach loslassen und achtsam sein, von wo auf einmal Geld kommt, mit dem du nicht gerechnet hast, und wo auf einmal Geld nicht fließt, dessen Ausgabe du in Gedanken schon eingeplant hast.

ÜBUNG: Das Manifestationsexperiment Geld

Schließe deine Augen. Stell dir Geld als eine unschuldige, liebende, überfließende Energie vor, die in dein Leben strömen möchte. Spüre die Dankbarkeit für alles, was du schon hast. Fühlst du, wie dir von dieser Dankbarkeit ganz warm und wohlig wird?

Jetzt stell dir einen Geldbetrag vor, der dir ganz leicht und ohne Anstrengung zufließt. Geld, mit dem du noch nicht rechnest. Stell dir weiter vor, dieses Geld zu manifestieren, um damit etwas zu tun, was dir Freude und Spaß bringt. Ein Yogawochenende, ein romantisches Essen mit deinem Liebsten, eine Reise in eine Stadt, die du immer schon mal besuchen wolltest. Mal dir das Erlebnis in allen Einzelheiten aus. Was siehst du? Was fühlst du?

Nun setze dir ein Datum, bis wann du dieses Geld in deinem Leben sehen willst.

Das ist schon alles. Genieße für einen Moment das freudige Gefühl des Überflusses, des erfüllten Wunsches.

Dann öffne deine Augen, und freu dich auf das, was zu dir kommt.

Ein paar Hinweise noch:

Erstens, du musst das Geld wirklich für das ausgeben, was du dir gewünscht hast. Egal, ob dein Auto zwischendurch kaputtgeht oder deine Tochter eine neue Hose braucht. Wir hintergehen unser Geld nicht, und wir halten unsere Versprechen ihm gegenüber so ein, wie wir sie auch uns und unserem Partner gegenüber einhalten. Außerdem weißt du jetzt ja, wie du Geld für das Auto oder die Hose ebenfalls zu dir locken kannst.

Zweitens: Geld kann auf alle möglichen Arten in dein Leben treten, zum Beispiel auch dadurch, dass es dein Leben nicht verlässt, wie in meinem letzten Beispiel.

Und drittens: Da ich dir nur Tipps gebe, die ich selbst ausprobiert habe, verrate ich dir, dass man dieses Experiment auch mit anderen Dingen tun kann als mit Geld.

Mit einer Freundin habe ich es für einen Partner gemacht. Sie hat sich in der Übung ganz darauf konzentriert, wie es sich anfühlen soll, mit diesem Menschen zusammen zu sein. Zwei Monate später hatte sie ein Blind Date, das ihre Schwester und deren beste Freundin angeleiert hatten. Was soll ich sagen? Sie haben gerade gemeinsam ein Haus gebaut und werden noch dieses Jahr heiraten.

Und auch mit einer Wohnung habe ich es probiert, als mein Mann – der nun wirklich gar nichts von solchem »Hokuspokus« hält – nach unserer Trennung anderthalb Jahre lang einfach keine Wohnung gefunden hat. In seiner Verzweiflung hat er sich voll und ganz auf das Experiment eingelassen und sich ebenfalls stark darauf konzentriert, wie er sich in seiner neuen Wohnung fühlen will. Ich weiß noch, es war ein Sonntag, und nachdem ich ihn durch das Experiment geführt hatte, sagte er: »Na, ich bin ja mal gespannt, wie du über

Nacht den Wohnungsmarkt in Hamburg revolutionieren willst.«

Was soll ich sagen? Am Dienstag hat er eine Anzeige für ein Büro gesehen, das eigentlich überhaupt nicht seinen Anforderungen entsprach. (Er suchte ja eine Wohnung.) Aber er ist trotzdem zur Besichtigung gegangen. Es war ein Laden mit Küche, Bad und zwei weiteren Zimmern. Am Freitag hat er den Vertrag unterschrieben, eine neue Einbauküche hat er noch obendrauf bekommen. Sein Kommentar zu »meinen« Fähigkeiten, den Wohnungsmarkt zu revolutionieren, war: »Spooky.«

Was ich an diesem Experiment so mag, ist, dass es mich dazu bringt, mir genau zu überlegen, wie ich mich fühlen will. Ich komme aus dem Kopf heraus und gehe komplett ins Gefühl. Es zählt nicht mehr: »Welche Möglichkeiten habe ich, um Geld zu verdienen?«, sondern: »Wie möchte ich mich fühlen, wenn es da ist? Was will ich mit ihm zusammen unternehmen?« Es zählt nicht mehr: »Er muss groß und dunkelhaarig sein, Tierarzt oder Architekt, mit einem SUV und eigenem Haus«, sondern: »Was passiert in mir, wenn ich ihn sehe? Was fühle ich, wenn wir miteinander reden? Wie ist es, ihn zu berühren?«

Und auch bei der Wohnungssuche konzentriere ich mich nicht mehr auf »Drei Zimmer, Küche, Bad, Kamin«, sondern darauf, was ich dort fühlen und leben will. Die Freude, wenn meine Freunde mich besuchen. Die Ruhe, wenn ich koche. Das Heimelige, wenn ich mich mit einem Buch zurückziehe. Die Klarheit, die ich für meine Arbeit brauche.

Diese Gefühle sammle ich in meinem Solarplexus. Immer wenn ich irgendwo bin, wo ich mich wohlfühle – ob mit einem Menschen oder an einem Ort –, speichere ich dieses Gefühl in mir und benutze es in der Zukunft als meinen Kompass, der mich bei meinen Entscheidungen leitet: Komme ich hiermit meinem gewünschten Gefühl näher, oder treibt es mich weiter davon weg? Wenn es mich wegtreibt, ist es für mich nicht richtig. Aber wenn es mich meinem gewünschten Gefühl näherbringt, gehe ich in großen Schritten darauf zu.

EIN PAAR WORTE
ZUM SCHLUSS

Die Idee für dieses Buch begleitet mich, seit ich den ersten Vortrag zu diesem Thema gehalten habe. Vor einem Jahr habe ich mir dann gesagt: »Ivonne, entweder du schreibst das Buch jetzt, oder du hörst auf, darüber zu reden.«

Und da ich nur schwer den Mund halten kann, habe ich mich hingesetzt und angefangen zu schreiben. Die Entwicklung meiner eigenen Beziehung zum Geld noch einmal so intensiv nachzuerleben, mich an all die Menschen zu erinnern, die mir ihr Vertrauen geschenkt und sich von mir auf ihrem eigenen Weg haben unterstützen lassen, war faszinierend und berührend.

Wir vergessen oft, wie weit wir im Leben gekommen sind, und nehmen uns nicht die Zeit, die Meilensteine zu feiern, die wir erreicht haben. Manchmal sieht so ein Meilenstein aus wie ein kleiner Kiesel am Wegesrand, an dem man achtlos vorbeigeht, wenn man nicht aufpasst. Doch genau diese kleinen Kiesel sind es, die unseren Lebensweg pflastern. Der Wunsch, etwas zu verändern; die erste Internetrecherche, um sich zu informieren; das Lesen dieses Buchs; das Ausprobieren von ein oder zwei Ideen, die Erkenntnis, dass wir etwas ändern können – das alles sind Meilensteine, von denen ich mir wünsche, dass du sie in Zukunft feierst.

Wenn du tiefer in diese Arbeit einsteigen möchtest, wenn du nach der Lektüre dieses Buchs ein spezifisches Problem aufgedeckt hast, bei dem du Unterstützung brauchst, oder wenn du mich einfach besser kennenlernen möchtest, besuch mich gern auf meiner Website: **www.ivonnesenn.de**, bei Facebook: **https://www.facebook.com/IvonneSennCoaching** und bei Instagram: **@TreatYourMoneyLikeYourLover**.

EIN GROSSES DANKESCHÖN

Mein erster Dank gilt den Menschen, die mir ihre Hand hingestreckt haben, um mir auf meinem Weg zu einer gesunden Beziehung zum Geld zu helfen.

An vorderster Stelle natürlich Meadow DeVor, die mir nicht nur alles beigebracht hat, was ich für meinen persönlichen Weg brauchte, sondern die mir auch geholfen hat, dieses Wissen als MoneyCoach in die Welt zu tragen. Danke, dass du immer noch an meiner Seite bist.

Danke an Brooke Castillo, Martha Beck, Byron Katie, Dr. Joe Dispenza, Koelle Simpson, David Kruger, Dave Ramsey, Michael A. Singer, Malcolm Gladwell, dass sie mir mit ihren Workshops, Kursen und Büchern ermöglicht haben, meinen Geist zu strecken, mein Wissen zu vertiefen und von ihnen zu lernen.

Eine dicke Umarmung für Nicole Birkholzer, von der ich in ihren Workshops und im Leben gelernt habe, mir und meinen Gefühlen zu vertrauen und mich für Fehler nicht zu bestrafen, und die mir als Schwester täglich zeigt, was bedingungslose Liebe ist.

Vielen Dank auch an Jana Hendrickson, deren Einladung,

auf der ALIVE-Konferenz in Berlin einen Workshop zum Thema Geld zu geben, der Startschuss für »Treat Your Money Like Your Lover« gewesen ist.

Ohne meine Klienten, die mir ihr Vertrauen geschenkt und mich in ihre Gedanken- und Gefühlswelten eingeladen haben, würde es weder meine Coachingpraxis noch dieses Buch geben. Ihr inspiriert und animiert mich jeden Tag, mein Bestes zu geben. Dafür ein riesengroßes Dankeschön. Ihr seid einfach toll!

Um ein Buch in die Welt zu bringen, reicht es nicht, es nur zu schreiben. Als Autorin braucht man Partner, die bei der Umsetzung und Vermarktung helfen. Hier hatte ich das große Glück, in meiner Freundin Claudia Wuttke eine fabelhafte Agentin zu finden, die genau wusste, was das Buch und ich brauchen. Ich danke dir, dass du mir diesen Weg geebnet hast.

Mit meiner Lektorin Mareike Neukam habe ich jemanden gefunden, der versteht, was dieses Buch erreichen kann, und meine Textredakteurin Beate De Salve hat ihm den perfekten Feinschliff gegeben. Vielen Dank dafür. Ich bin sehr glücklich, bei Lübbe Life ein Zuhause gefunden zu haben.

Danke auch an meine Agentur Mohrbooks, die mir alles, was vom Schreiben ablenkt, aber für die Veröffentlichung eines Buchs wichtig ist, abgenommen hat.

Mein letzter, aus tiefstem Herzen kommender Dank geht an dich. Meine Leserin, meinen Leser. Danke, dass du mir bis hierhin gefolgt bist.

Einfach leben kann ganz schön kompliziert sein

Brooke McAlary
SLOW. EINFACH LEBEN
Aus dem australischen
Englisch von
Viola Krauß
288 Seiten
mit Abbildungen
ISBN 978-3-431-04102-6

Für das, was wirklich wichtig ist, bleibt im Leben oft erschreckend wenig Platz. Stattdessen stopfen wir unsere Wohnungen, Kalender und Köpfe voll mit Dingen, die uns belasten, statt glücklich machen, setzen uns unter Druck durch Vergleiche mit anderen und Ansprüche an uns selbst. Brooke McAlary will das ändern und entdeckt mit ihrer Familie die Philosophie des Slow Living. In vielen kleinen Schritten macht sie sich ans Entrümpeln: von der Handtasche über Haus und Job bis zu ihrem Inneren. So findet sie Geld, Raum und Zeit für das, was wirklich wertvoll ist.

Bastei Lübbe

So wird Sparen zur schönsten Sache der Welt

Fumiko Chiba
KAKEIBO
Die japanische Kunst
des Geldsparens
Aus dem Englischen
208 Seiten
ISBN 978-3-7857-2636-5

Ständig geben wir für irgendetwas Geld aus: ein paar Euro für den Kaffee auf die Hand, als Dauerauftrag geht die Miete raus und die Online-Bestellung mal eben per PayPal bezahlt. Und hat man erst einmal die Kontrolle verloren, wird das teuer und man fühlt sich gestresst. Praktische Abhilfe schafft Kakeibo! Mit diesem traditionellen japanischen Haushaltsbuch ist es kinderleicht, alle Einnahmen und Ausgaben im Blick zu behalten. Dank der durchdachten und einfachen Handhabung stellt sich schnell ein sorgsamer Umgang mit dem Geld ein. Dadurch lässt es sich mühelos Sparen – auf all die Dinge, die wirklich wichtig sind im Leben.

Bastei Lübbe